DIEU ÉTAIT LÀ
ET JE NE LE SAVAIS PAS

Autobiographie spirituelle

STAN ROUGIER

DIEU ÉTAIT LÀ
ET JE NE LE SAVAIS PAS

Autobiographie spirituelle

PRESSES DE LA RENAISSANCE

Cet ouvrage est précédemment paru
aux Presses de la Renaissance sous la direction éditoriale
d'Alain Noël, avec la collaboration de Danielle Noël.

ISBN 2-266-08950-1

À tous les chercheurs de Dieu

J'exprime une particulière gratitude
à mon frère aîné Michel qui a souvent proposé
une meilleure formulation pour des passages
obscurs de ce manuscrit,

à Paulette et à Raymond, mes fidèles correcteurs,

à tous les collaborateurs des Presses de la Renaissance.

LIVRE I

LE PRODIGE D'EXISTER

PROLOGUE

Je n'en reviens pas d'exister. Je n'en reviendrai jamais. Surtout si c'est pour toujours !

Je n'en reviens pas de me retrouver chaque matin avec ce même cœur capable de bonheurs si grands et de douleurs si extrêmes.

Je n'en reviens pas de me retrouver dans cette aventure de la vie, n'ayant pourtant rien sollicité. Je me demande souvent si mes semblables éprouvent à ce point l'étrangeté de notre condition humaine. Nous avons été choisis pour « marcher sur la terre » comme les cosmonautes pour « marcher sur la lune » !

Notre aventure de citoyens de l'espace est l'aventure la plus invraisemblable qui soit. Cela fait plus d'un demi-siècle que je marche sur une planète. Je ne m'y habituerai jamais.

Ce livre est le résultat de la demande précise d'un éditeur :

« Vous avez écrit une douzaine d'ouvrages sur les jeunes et leurs attentes, sur les problèmes de notre époque, sur les religions. Vous avez raconté de nombreuses anecdotes de voyages. En tout cela vous ne vous livrez pas. Aujourd'hui, ce qui importe, c'est d'oser dire “Je”. Si vous acceptiez de nous raconter ce qu'a été votre itinéraire... Généralement, c'est ce que l'on connaît le mieux... Dans un livre, il faut se livrer... »

J'aime écrire. Cela ne me coûte pas trop d'essayer. Peut-être vais-je pouvoir rassembler les pièces du puzzle ? Ma vie n'est pas plus singulière qu'une autre. C'est peut-être cela même qui rendra ce récit plus proche. C'est le caractère extraordinaire de ce qui est de la plus grande banalité que je souhaite parvenir à dégager au fil de ces lignes.

Ayant passé l'essentiel de mon existence à écouter des jeunes, cette fois c'est à l'écoute de ma propre jeunesse que je me mettrai ! Elle n'est ni plus belle ni plus enviable qu'une autre. Elle est commune, avec son lot de solitude et d'angoisses, de rêves et de désillusions, de désirs et de peurs, son besoin toujours inassouvi de comprendre. En évoquant quelques bribes éparses de ma jeunesse c'est encore de toutes les jeunesses que je désire parler. Ce temps est un accouchement de soi-même par soi-même. Il est rempli de « qui suis-je ? » et de « pourquoi ? ». N'est-ce pas au cours de ces années que nous accrochons notre vie à une pantoufle ou à une étoile ?

Le rappel de cette « quête de sens » qui fut le fil d'Ariane de ma jeunesse, je voudrais qu'il s'entende comme le souvenir de toutes les quêtes de sens.

« On se plaint quelquefois des écrivains qui disent "moi". "Parlez-nous de nous !" leur crie-t-on. Hélas ! Quand je vous parle de moi, je vous parle de vous. Comment ne le sentez-vous pas ? Ah ! insensé, qui crois que je ne suis pas toi ! » (Hugo).

Un jour je trouvai dans ma boîte à lettres une feuille blanche pliée dans une enveloppe à mon nom. Je crus à une blague de mauvais goût, et la froissai pour la jeter au panier. Puis je la repris, la défroissai et la passai à la chaleur d'une flamme. Un message magnifique devint de plus en plus clair.

Les événements de notre vie tels qu'ils se déroulent, dans la banalité du quotidien, peuvent ressembler au papier de ma lettre : un rien ou une plaisanterie ! Mais si nous portons ces instants à la lueur de la parole de Dieu, voilà qu'ils prennent un sens, petit à petit de plus en plus clair, de plus en plus net. Bien sûr, la parole de Dieu n'est pas localisable seulement dans l'espace des trois mille pages d'un grand livre. Elle a besoin d'être éclairée des connaissances des exégètes. J'ai trop appris, pour mon malheur, à interpréter de travers les textes sacrés. La pureté du sens de la parole de Dieu est précieuse. Nul ne peut dire : je connais son dépositaire exclusif.

Je repasserai donc ma jeunesse à la lueur de ma foi, fragile comme une petite flamme de chandelle.

Je ne suis pas sans crainte devant ce projet. Tourner autour de son moi narcissique est un piège. Être anxieux de trouver son identité véritable est un autre chemin.

Augustin le Berbère, en racontant sa jeunesse, accorde un rôle prépondérant à un Dieu dont il n'a reconnu que peu à peu la présence. Il écrivait : « Seigneur, il T'ignore, celui qui n'a pas découvert ce que Tu as accompli en lui. » Si je prends le risque d'exposer ma jeunesse aux regards, c'est pour que l'on puisse lire entre les lignes une présence... ou au moins l'hypothèse d'une présence. Aujourd'hui, même en me forçant, je ne parviens plus à douter de cette Présence. Dans mes liens avec des agnostiques cela crée un décalage qui me tourmente, mais nous n'y pouvons rien.

Je me réjouis de pouvoir dans ces pages me souvenir du temps où Dieu était encore pour moi improbable. Je me réjouis de dire ma gratitude envers les humanistes athées qui m'ont évité de chercher Dieu là où Il n'est pas. Je leur sais gré d'avoir barré les chemins qui ne mènent pas vers Lui. Et puis nous sommes tous, plus ou moins, ignorants du véritable visage de Dieu. Il est toujours au-delà de nos sens, au-delà de notre intelligence. « Toi l'au-delà de Tout, n'est-ce pas tout ce que l'on peut dire de Toi ? » (saint Grégoire de Naziance).

Une page de la Genèse me revient à l'esprit. Jacob passe la nuit entre Beer Sheba et Haran, dans le désert. Et là, sous les étoiles, il rêve. Dans ce songe Dieu lui parle : « Je suis avec toi. Je te garderai partout où tu iras. » À son réveil, Jacob s'écrie : « Dieu était là et je ne le savais pas. » Il ajoute : « Quel frémissement, ce lieu, c'est la maison de Dieu et la porte du ciel ! » (Gn, 28, 10, 17).

Je souhaite écrire ces pages comme les écrivains de la Bible ont rédigé les Mémoires des actions de Dieu dans leur peuple. À la clarté des psaumes, quarante années dans un désert de serpents et d'épines deviennent une saga toute vibrante d'un grand amour !

N. B. N'ai-je pas *habillé* mes souvenirs ? Quel crédit accorder à ce qui est rapporté plus de cinquante ans après les événements ?

C'est pour mieux approcher leur véracité que j'ai inclus, ici ou là, des notes et des lettres d'autrefois.

Enfin, j'ai préféré rassembler mes souvenirs le plus souvent par thèmes plutôt que dans l'ordre chronologique. Les allers-retours dans le temps peuvent déconcerter, mais il fallait bien choisir.

1

« TU FERAS HONNEUR À TON PÈRE ET À TA MÈRE »...

> « *Je suis le fils de l'homme et de la femme. Je croyais être davantage...* »
>
> LAUTRÉAMONT

Lorsque tu viens au monde, un être nouveau qui n'a en lui-même aucune justification de son existence est là. Il vit et manifeste quotidiennement son originalité. À quoi ou à qui doit-il d'exister ?

Avec le regard de la Foi, chaque naissance postule l'existence d'un Être Suprême. N'est-ce pas Lui qui nous a voulus, choisis, désirés ? Nos parents ne nous ont pas inventés. Ils le savent mieux que personne. Ils ont transmis le patrimoine génétique d'une lignée d'ancêtres, c'est déjà un cadeau fabuleux, mais ils ne nous ont pas inventés. Ils ont *choisi d'avoir un enfant,* mais ils ne nous ont pas choisis, nous. Ils ne sont pas nos créateurs, mais nos procréateurs... C'est bien grâce à l'employé des postes qu'un message nous parvient, mais ce n'est pas lui qui a écrit le message.

Parfois, nous arrivons sur la planète *comme un cheveu sur la soupe.* « Maman s'est trompée dans ses calculs. Papa n'a pas fait attention ! » Où est l'artiste ? Cherche au-delà ! Derrière chaque vie, en filigrane, Quelqu'un est là que nous ne connaissons pas. Chaque cœur qui bat postule une présence divine. Une lampe de sanctuaire éclaire tout visage humain.

C'est Toi qui m'as tissé au ventre de ma mère.
Je suis ébloui par un tel mystère.
Merveille qu'une si belle aventure,
Prodige que je suis ! (Ps 138)

Nous entrons dans la vie comme si elle nous était due, alors que tout est miracle ! Jamais je n'ai pu considérer mon existence comme naturelle. J'existe, tu existes ; nous sommes des êtres libres, autonomes, uniques, irremplaçables. Chaque visage est une fenêtre sur l'Infini. Celui que nous nommons *Dieu* est là. Lui, l'au-delà de Tout, fonde l'extraordinaire dignité de chaque être humain. Au-dessus de chaque berceau nous pourrions lire : « Il m'a choisi en Lui, dès avant la création du monde » (Eph 1).

J'aime l'image du filigrane. Une feuille de papier blanc révèle sa marque d'origine lorsqu'on la regarde en transparence. Il en est ainsi de notre vie : simple comédie ou merveilleuse aventure selon que nous saurons reconnaître ou non la Présence invisible.

Au commencement, tu étais toi. Un « toi » qui ne s'est pas inventé. Tu n'as rien voulu, rien décidé, rien demandé. Tu es *arrivé,* Tu es venu *d'ailleurs.* D'où ? La décision de vivre qui te précipite dès ton premier cri vers le lait maternel est inscrite dans ton *programme génétique.* Un instinct vital te conduit à te jeter sur tout ce qui peut favoriser ta croissance. Qui a inventé cet instinct ?

La vie est un cadeau. Dire ces mots : *programme, cadeau,* c'est évoquer un Compositeur, un Metteur en scène, un Donateur. Qui ? De quelle étoffe sommes-nous tissés ?

Nous sommes les élus d'un choix qui nous dépasse. À qui rendre grâce d'avoir été choisis ? Souvent, depuis mon adolescence, je me pince au moment de m'endormir ; j'ai besoin de vérifier que je ne rêve pas, que j'existe pour de bon ! J'éprouve à l'extrême à quel point je suis fortuit, suspendu à un Autre. Ce que je ressens à la fois de plus étrange et de plus personnel en moi, c'est l'impossibilité où je suis de me familiariser avec mon existence. Je ne m'y habitue pas. Lorsque l'avenir s'est présenté à moi comme une impasse infranchissable, lorsque l'ange de la mort m'inspira de mettre fin à cette « plaisanterie », je me suis dit : « Avant d'en finir, je voudrais comprendre pourquoi cela a commencé. Pourquoi suis-je sorti du néant ? S'il n'y a rien au commencement, peut-il y avoir quelque chose au terme ? Ce que je suis aujourd'hui est un privilège, une apparition dont il faudrait pouvoir percer le mystère. Y mettre un terme supprimerait l'énigme mais ne résoudrait rien. Si je suis l'œuvre d'un Horloger méchant qui m'a créé pour tromper Son ennui et peut-être assouvir Son sadisme, alors Il me punira de m'être débarrassé du fardeau de l'existence. Reste une autre hypothèse : Il est l'Amour et Il m'a fait à Son image. » « Je suis plus intime à toi-même que toi-même » (saint Augustin).

Comment Dieu S'y est-Il pris pour nous créer ? Aventure qui semble banale et qui est en réalité prodigieuse ! Il y a quinze milliards d'années, il y eut le Big Bang, dit-on. (Si l'Éternel existe depuis toujours, c'est récent !) Douze milliards d'années plus tard, des formes vivantes apparaissent dans la banlieue d'une étoile, elle-même égarée dans une galaxie, elle-même perdue dans un océan de galaxies. Des molécules d'eau, d'hydrogène, de carbone, d'ammoniac se rassemblent pour former les *briques* du vivant. Ces particules explorent tous les chemins du possible. À moins quatre cent cinquante millions d'années commencent les vertébrés.

J'avance encore ! À moins quatre millions d'années, notre arrière-arrière-grand'mère, qui ne s'appelle pas encore Ève mais Lucy, représente déjà un grand pas loin de ses ancêtres primates. Pendant trois millions six cent mille ans, ses descendants continuent l'aventure et perfectionnent l'*opération survie.* À moins quatre cent mille ans environ apparaît l'*homo sapiens.* Celui-là, s'il se tenait devant nous en complet-cravate dans le métro, le remarquerions-nous ? Depuis cent mille ans, ses aïeux ont déjà inventé le biface et le feu. Son cannibalisme et ses sépultures montrent qu'il a des préoccupations métaphysiques. Combien de milliers de générations nous séparent des premiers hommes ? On s'y perd ! Tout cela est le résumé d'une hypothèse. Il en existe bien d'autres ! En tout état de cause, chacun de nous doit la vie à un nombre phénoménal d'individus qui se sont cramponnés à la planète contre vents et marées, glaces et bêtes sauvages, hordes voisines et virus... À détourner quiconque de toute pensée de suicide ! Notre vie a coûté trop cher à trop de monde !

Lorsque nous parvenons à une période récente, nous pouvons donner un nom et parfois un visage aux généreux géniteurs. Ils ont estimé que la vie était un assez beau cadeau à offrir à quelqu'un.

Depuis à peine deux siècles, il aura fallu pas moins de deux cent cinquante-six ancêtres pour que chacun de nous existe ! Enlève un seul de ces maillons, fais manquer le rendez-vous entre ton trisaïeul et sa compagne et tu n'existes pas. Un autre existera, mais ce ne sera pas toi. Étonnante harmonie entre la partition du Compositeur et l'art de Ses exécutants !

Nous sommes issus de nos parents, mais nous sommes faits aussi de tous les éléments de l'Univers ; poussières d'étoiles, morceaux de terre et de lune, parcelles d'océan.

Dans un livre de la Bible, une mère dit à ses enfants : « Je ne sais comment vous êtes apparus dans mon ventre. Ce n'est pas moi qui vous ai gratifiés de l'Esprit et de la vie. Ce n'est pas moi qui ai organisé les éléments dont vous êtes composés. Le Créateur du monde a formé l'homme à sa naissance... » (2M 7, 22). À l'extrémité du doigt d'Adam, au plafond de la chapelle Sixtine, commence le doigt de l'Éternel. Au plus profond de chaque être humain apparaissent Sa source et Sa racine. Il ne s'agit pas là d'une certitude qui s'impose, mais d'une conviction née de la Foi.

On ne peut raconter sa propre jeunesse sans évoquer ses parents. Je suis tissé de ces deux êtres : Suzanne et Dominique, auxquels Dieu m'a confié. Ils ne cessent de se marier en moi. Ils prolongent en chacun de leurs six enfants l'alliage original de leurs histoires et de leurs rêves. Ils prolongent aussi l'affrontement de leurs blessures. En chacun de nous six, leurs deux visages se sont épousés jusqu'à n'en faire qu'un, différent et semblable.

Mon père, Dominique, âgé à peine de dix-sept ans, avait remué ciel et terre pour *partir sur le front* de la guerre de 1914-1918. Il était revenu blessé. Un de ses frères y trouva la mort. Voici un extrait d'une lettre de ma grand'mère :

> « Je n'ai pas besoin de vous dire ce que je souffre depuis ces trois mois ! Rien ne pourra jamais me consoler, et si j'accepte de tout mon cœur la volonté du Bon Dieu qui a choisi mon cher petit comme une belle et pure victime pour sauver la France, si je suis fière que mon enfant soit tombé en faisant son devoir, je sais qu'il n'y aura plus de bonheur pour moi dans la vie ! Ma seule joie est de penser que je le reverrai un jour, là où il n'y aura plus de séparations et de larmes. »

Elle mourut peu de temps après.

Cette spiritualité, répandue en ce temps-là, prête à Dieu des intentions barbares ! Serais-Tu donc, Dieu terrible, l'organisateur des guerres et le pourvoyeur des tombes ?

Ses débuts professionnels en tant que commis d'agent de change laissaient Dominique Rougier sur sa faim. La guerre l'avait empêché de prolonger ses études. Son père, général d'artillerie, venait de se remarier. Il estimait ce fils trop indépendant. Le général avait dû s'absenter longtemps, ayant fait la guerre dans les Dardanelles. Il avait quitté un garçon en culotte courte et avait retrouvé un soldat blessé de dix-huit ans. Il était soucieux de le « caser », de le lier à une épouse qu'il lui trouverait comme c'était la coutume.

Mi-provençal et mi-alsacien, mon père était un rebelle. Il extériorisait vigoureusement ce qu'il ressentait. Après avoir fouillé des malles où se trouvaient entassées de vieilles lettres, je comprends certaines dimensions de sa vie. Ses lettres à sa fiancée, durant les deux mois qui précédèrent leur mariage, le montrent anxieux devant la précarité de sa situation professionnelle. « Ma pauvre Suzanne, je suis effrayé de ce que l'avenir vous réserve avec moi. » Un peu plus tard, ma mère se dit très émue de l'avoir entendu rêver tout haut : « Michel, Michel ! » répétait-il. Songeait-il à son frère laissé dans les tranchées ou à son premier fils qui venait de naître ?

Des lettres de mon père à ma mère durant un temps de mobilisation en 1939 le font apparaître comme un capitaine soucieux du bien-être de ses *poilus.* Il *tape* ses amis et connaissances, pour organiser un *sapin de Noël* couvert de cadeaux. Il organise une sorte d'*inter-troupes* avec courses en sac, lâcher d'une poule qui appartiendra à celui qui l'aura attrapée, et autres festivités. Qui n'aurait aimé connaître son père en devenant, par magie, un ami du même âge ?

Vu de ma petite fenêtre d'enfant, il m'apparaissait comme voué entièrement à sa tâche professionnelle et familiale. Il était absent toute la semaine et rapportait de ses tournées d'inspecteur d'assurances des nourritures terrestres nécessaires à notre survie : pommes, noix, jambon, fromage... J'étais très content de ces denrées que nous économisions, précieusement déposées sur l'étagère d'un cagibi. Notre mère comparait papa au pélican de la légende qui semble nourrir ses petits de ses entrailles.

Il avait deux visages, pile et face. L'un d'humour, l'autre de dramatisation à propos de tout et de rien. Il avait l'art de transformer les verres d'eau en tempêtes. Pour échapper à la contagion de son pessimisme, nous mimions entre nous ses expressions catastrophées : « Ici, tout le monde s'en fout ! C'est effarant ! C'est à qui s'en foutra le plus ! » Un rien le mettait en effervescence. Le désordre dans le casier à chaussures, une ampoule allumée dans une pièce vide... Le lendemain, il pouvait se montrer d'une extrême bonne humeur. Il n'avait pas son pareil pour faire des ronds de fumée avec une enveloppe ! Son côté farceur lui valait de nombreux amis. Mes copains me répétaient : « Tu as de la chance d'avoir un père aussi décontracté ! » Moi, j'étais pétrifié au moment de lui montrer mes bulletins scolaires qui étaient, selon son expression favorite, toujours *navrants*.

Lorsqu'il chantait, c'était le signe qu'il était content. Le chant qui éveille en moi le plus lointain souvenir était une romance de Reda Caire :

Si tu reviens, ne me demande pas pardon.
Je ne cherche pas la raison pour laquelle tu t'en allas,
Je sais très bien que tous les mots ne valent rien...

Je l'aimais plus encore lorsqu'il chantait une triste chanson de poilu :

Quand l'paysan revint d'sa vigne
tout mouillé, tout grattouillé...
Il trouva plus qu'la tête de ce n'âne
que les loups y avaient mangé.
Ah ! tête, pauvre tête,
toi qui bramais si bé si bé !...

Lorsque je pense à lui, je vois le visage intelligent et grave de Louis Jouvet ou bien un tableau de clown triste de Rouault. On lui avait volé sa jeunesse sur les plateaux de la Marne. De même que François d'Assise, au sortir d'une jeunesse dorée, avait connu le massacre du pont Saint-Jean, il était entré dans l'envers du monde. Vivre, c'était donc cela, aussi ! Sa mère avait été une *sainte,* disait-il. Il ne pardonnait guère à Dieu de la lui avoir enlevée. Il avait des griefs à l'égard d'une religion dont il avait connu, comme tant d'autres de sa génération, le côté moralisateur et *culpabilisant.* C'est peut-être à lui que je dois mon allergie aux censeurs qui utilisent la religion pour sanctionner, humilier, faire mordre la poussière à ceux qui ne décrocheront jamais le premier prix de vertu. À cette époque, l'Église était obsédée par le sexe et mon père ne le lui pardonnait pas. Il faisait parfois la grève de la pratique religieuse ! C'était sa façon de protester. Sur ce chapitre de la foi, mon père me semblait en proie à bien des contradictions. Lorsqu'il évoquait le gâchis de ce monde, les guerres, les injustices, les malheurs, la fragilité humaine, il estimait que Dieu avait commis une grave erreur en créant. Pour dire cela, il employait une formule qui m'amusait : « Il aurait mieux fait d'aller Se coucher ! » Pourtant, il était allé chercher de l'eau de Lourdes à une époque où ma mère souffrait terriblement. « Cette eau a guéri le mal. Qu'est-ce qu'on peut dire contre ça ? » J'ai entendu ce récit de la bouche même de mon père, lorsqu'il avait plus de soixante ans.

À l'égard de ses six enfants turbulents et bruyants, il était d'une exigence qui confinait au perfectionnisme. Son affection à mon égard suivait la courbe de mes résultats scolaires. Les souvenirs heureux que je garde de mon père ont un prix inestimable à mes yeux. Je l'aimais tant lorsqu'il nous conduisait en voiture de Clermont à Saint-Jean-de-Luz. Nous nous arrêtions pour un pique-nique au bord d'une rivière. Il jetait un bateau de papier et nous lancions des pierres pour le faire couler. Parfois, il prétendait être un ogre nommé Sesbrouffe et manger les petits enfants. Il fallait courir autour de la table de la salle à manger pour lui échapper. S'il nous attrapait, il nous faisait répéter ces phrases :

« Mon petit papa chéri,
Je t'aime et je t'adore.
Je t'obéirai au doigt et à l'œil.
Je ne te ferai plus jamais enrager.
Je bénirai chaque jour le ciel de m'avoir donné un père tel que toi. »

Nous répétions chaque affirmation, en alternant les rires et les cris selon la douleur infligée au bras qu'il nous tordait derrière le dos si, par bravade, nous refusions de répéter la formule. Une immense affection se cachait derrière ce simulacre de cruauté.

Je donnerais une fortune pour revivre ces moments-là.

Plus j'ai avancé en âge, plus je me suis senti capable de comprendre cet homme. Je le vénérais pour ses qualités qui me faisaient défaut : l'ordre, la précision, le jugement sûr, le goût de l'efficacité. Je l'estimais pour l'éducation qu'il m'avait inculquée : l'attention aux autres, la générosité, l'indignation devant l'injustice. Je le retrouvais dans mes propres imperfections : le désarroi devant l'insécurité, l'angoisse, la dramatisation... Sur ses obsessions, l'ordre par exemple, j'ai tant souffert de ses remontrances que j'ai fait une fixation complète. Désormais, je considère les êtres désordonnés comme des handicapés au même titre que les sourds ou les aveugles. Je me console en pensant que Saint-Exupéry faisait partie du *club*. Et quelle leçon étonnante de découvrir à quel point les enfants de parents excessifs risquent de connaître la même démesure en sens inverse !

Je vois en mon père un adolescent trop tôt blessé par l'horreur : la guerre hideuse, les tranchées, la boue, les copains massacrés, un frère tué au combat. Je le vois essayant de prendre son indépendance à l'égard d'un père de forte personnalité très vite remarié. Je le vois marié à la faveur d'une combinaison entre deux familles sans qu'il ait eu le temps de dire « ouf ! ». Il fut chargé de six enfants au bout de sept ans de mariage, lui qui avait horreur des jérémiades, des cris et autres enfantillages. Il était soucieux pour une épouse subissant de très graves opérations. Je le vois dans les trains, toujours prêt à engager la conversation avec les autres passagers du compartiment, toujours prêt à les amuser par des tours de magie. J'ai gardé ses courtes lettres tapées à la machine. Elles se terminent toutes par le mot : « *Tendresses...* », écrit à la main. « Tendresse » a pris ainsi, malgré moi, une coloration intense, devenant une sorte de « mot de passe ».

Papa est un des premiers mots que prononce un enfant. La paternité est un mystère. Dieu Se délègue en chaque paternité. Il court le risque d'être éclaboussé par nos limites humaines. En l'homme, il arrive que la paternité ne soit qu'exigence. En Dieu, la paternité est à la fois tendresse et exigence ! Jésus révèle le Nom de Dieu : *Abba* (Papa). « C'est lorsque je suis devenu père que j'ai compris qui était Dieu », dit le père Goriot de Balzac. Jésus n'évoque pas notre expérience de fils pour dire comment Dieu est Père. Il évoque l'expérience des pères. « Vous, tout mauvais que vous êtes, vous savez donner de bonnes choses à vos enfants... À plus forte raison, votre Père du Ciel... »

Ma mère était fille unique. Chétive, ses parents l'avaient surprotégée. Elle avait trouvé dans sa famille un immense amour de la vie, de la beauté, des choses simples du quotidien. Très différente de mon père, elle était dotée d'une étonnante aptitude au bonheur.

J'ai souvent supplié ma mère d'écrire ses Mémoires. À plus de soixante ans, elle a exaucé mon désir. Elle n'a pas réussi à dépasser les vingt-cinq premières années de sa vie. Lire et relire ce récit est pour moi un enchantement. Je me permets d'en choisir ici quelques pages.

Suzanne a treize ans. Elle habite près de la caserne du camp de Châlons, où son père est capitaine. Nous sommes en 1914 :

> « À Châlons, je passe beaucoup de temps dans le jardin ombreux. Seckas, la belle jument, me regarde par la lucarne de son écurie et je lui tiens des discours. Je suis heureuse parce qu'il fait beau, que les hirondelles volent haut dans le ciel et, pendant que mon esprit futile vagabonde, un archiduc héritier se fait assassiner à Sarajevo sans que je mesure les conséquences de ce drame. C'est si loin, la Bosnie !... »

> « ...Je passais parfois un moment sous la fenêtre du baraquement qui abritait le prisonnier, toujours le même, une bonne tête de brute nommée P... qui, pour des délits mineurs mais renouvelés, où la bouteille jouait un rôle, risquait de voir s'allonger son temps de service

aux Armées. La guerre d'ailleurs s'en chargea. Je lui faisais la lecture et nous causions à travers le vasistas.

— Il est méchant, le Capitaine, de vous avoir puni !

— Oh non ! Il a bien fait !

Le soir du 22 août 1914, le paria, la bête noire de la Compagnie, vint déposer son propre tricot de grosse laine rugueuse sur la poitrine de son Capitaine, supposé mourant. Lui seul avait pensé à la cruelle nuit froide tombant sur le blessé que l'on abandonnait... »

Mon grand-père maternel doit probablement la vie à cet homme, et je pleure de joie en trouvant au cœur de ma mère cette sensibilité envers le plus démuni.

À l'âge de vingt ans, ma mère venait de vivre ce qu'elle nommait une *déception amoureuse.* Elle se plaignit, auprès d'une tante, d'une *année grise.* L'année suivante, Suzanne *monte à Paris* pour une entrevue avec un certain Dominique Rougier. Je laisse à ma mère le soin de raconter cette rencontre qui a décidé de l'existence de six enfants dont je suis :

« Une tante écrivit à mes parents pour proposer un projet de mariage. Il s'agissait d'une famille remarquable à tous points de vue. Le fils était employé chez un agent de change... Rencontre décidée. Ce ne fut pas le coup de foudre de part et d'autre, et je me refusai à une deuxième entrevue. Maman insista beaucoup. Je finis par accepter...

Nous nous donnâmes une journée de vacances et allâmes passer l'après-midi dans le parc de Versailles et là, je pris ma décision. Il me sembla que ma voie était toute tracée de devenir parisienne. Maman désirait beaucoup ce mariage, alors pourquoi ne pas laisser faire les choses ?

Lors d'une autre réunion chez les Rougier, nous fûmes fiancés, Dominique et moi, le 12 mai. Puis ce fut un voyage à Senlis. Nous fîmes une grande cueillette de muguet dans les bois. J'en rapportai un gros bouquet à Poey deux jours plus tard. Il me semblait que j'avais rêvé. Pourtant, j'avais une belle bague au doigt et quelqu'un à aimer. Et le muguet odorant était là pour en témoigner. Dominique vint à Poey en week-end et voulut fixer la date du mariage dans un proche avenir, fin juin. Un mois de préparatifs ne serait pas de trop... »

Tant de forces de mort sont à l'œuvre en ce monde que je bénis le Ciel de m'avoir fait naître au croisement de deux familles passionnées de vie. Durant ma jeunesse, je puisais cette vitalité comme un jeune chêne puise les sucs de la terre. Je trouvais cela tout naturel. Parfois, c'est ce qui nous semble le plus ordinaire qui est le plus extraordinaire. Vivre, quel prodige !

L'amour de la vie est peut-être le commencement de la foi. Le Créateur préfère probablement une créature émerveillée par le cadeau de l'existence, et qui ne Le reconnaît pas, à une créature qui prétend Le vénérer, mais n'a qu'indifférence pour Son œuvre.

Pour ma mère, la religion faisait partie des choses dont on ne parle pas, mais dont on accepte avec docilité les exigences. Une atmosphère de sacrifice dont ma mère me semblait faire les frais me rendait souvent allergique à sa vision du monde. Mais n'est-ce pas à cette spiritualité que je dois la vie ? Normalement, ma mère n'aurait jamais dû me mettre au monde, non plus que mon jeune frère. Le médecin, après une quatrième naissance, avait dit : « Stop ! Danger ! » Je fus le cinquième !

À travers le visage de mes parents Dieu Se révélait : « *Et Moi, j'étais comme celui qui porte Son nourrisson tout contre sa joue* » (Osée 11,4). En nous donnant notre vie, nos parents nous donnent la leur. Les enfants savent-ils cela ? Le comprendraient-ils si on le leur disait ? Après avoir entendu les confidences de milliers de parents, je le sais aujourd'hui. Les enfants puisent à la vie de leurs parents... et ils les épuisent. Leur insouciance qui peut sembler de l'ingratitude cessera le plus souvent lorsque leurs parents vieilliront. Ils en deviendront alors quelque peu les parents, à leur tour. Les rôles seront inversés. Et cela continuera de génération en génération...

2

ENFANCE : GRENIER DE L'AVENIR...

> *« Qu'importe ma vie ! Je veux seulement qu'elle reste jusqu'au bout fidèle à l'enfant que je fus... »*
>
> BERNANOS

J'aime me souvenir de l'enfant que je fus. Ce sont mes racines... À ma naissance je suis tombé dans une potion magique d'émerveillement. « Vous êtes d'une virginité émotionnelle permanente », me dit-on un jour. J'ai dû recevoir dans mon berceau un penchant à vibrer intensément à tout ce qui vit, aime et souffre.

Ma mère n'a guère applaudi lorsqu'elle apprit qu'elle était enceinte pour la cinquième fois. Je suis né le 23 juin 1930 au premier jour de l'été, à Jurançon, petit village au pied des Pyrénées. Vers deux heures de l'après-midi, je frappai à la *porte.* Ma mère sortit de table en disant : « Ça y est ! » Dieu m'avait confié à une femme merveilleuse. Mes neuf mois de stage intra-maternel étaient accomplis. Finies la vie aquatique, la vie assistée. Je partais pour l'« au-delà ». Je bondissais vers une autre aventure ! J'étais projeté comme un bouchon de champagne vers la liberté. J'avais pour tout bagage les chromosomes de deux familles, le patrimoine génétique d'innombrables ancêtres. On me donna le prénom de mon grand-père paternel,

Stanislas (en slavon : *debout dans la louange*, ou *debout dans la gloire*). Ce nom fut raccourci. On ne m'appela plus que Stani ou Stan. *Debout*, sans *louange* et sans *gloire*. C'était déjà tout un programme !

Je fus baptisé cinq jours plus tard. On ne badinait pas avec ces choses en ce temps-là ! Si j'avais commis l'imprudence de décéder avant le baptême, je n'aurais pas eu droit au paradis de tout le monde. J'aurais été dans les Limbes, ce royaume d'ombres avec les multitudes de non-baptisés, Sibériens d'avant Cyril et Méthode, Indiens d'avant Christophe Colomb, Africains d'avant Livingstone ! Si j'avais été en mesure de comprendre la solennité d'un tel mystère, peut-être aurais-je entendu ce jour-là : « Celui-ci est mon enfant bien-aimé. » Il en est ainsi de chaque baptême depuis celui de Jésus dans le Jourdain.

Cette année 1930, un certain Adolf Hitler obtenait, *par voie électorale*, cent sept sièges au Parlement allemand. Il avait réalisé ce score en exploitant, en amplifiant, en canalisant ce que l'être humain a de plus abject : la haine raciale. Même si l'humiliation du traité de Versailles et le chômage furent des causes plus profondes de la montée du nazisme, c'est cet ostracisme qui écœure.

Dès la naissance, j'étais un gros joufflu. J'avais, pour exister, emprunté sans complexe la substance même d'une femme assez mince. Ma vie avait failli lui coûter la sienne. Lorsqu'elle me parla de cela durant mon adolescence, elle ajouta sereinement : « Ce sont les risques du métier ! »

La fragilité de ma mère lui imposa de m'*exiler* peu après ma naissance. Je demeurai ainsi un an et demi chez une nourrice. Le retour tardif de l'*intrus* au milieu d'une tribu bien constituée de quatre frères (un numéro six était arrivé entre-temps) et d'une sœur me laissa quelque peu hébété. Pour l'enfant arraché à l'odeur de sa mère, à sa douceur, à sa voix, nul ne pourra me faire croire qu'une nourrice peut remplacer cette présence ! Il demeurera partout en exil. Il transportera avec lui une question : « Ne suis-je pas de trop ? » Et ce n'est la faute de personne.

Mais tout l'art de l'existence est de transformer nos blessures en chances. Certains sapins de montagne sont nés dans l'anfractuosité d'un rocher. En l'absence de sol nourricier et d'espace, ils sont devenus des *bonzaïs* naturels. « L'homme crie où son fer le ronge, et sa plaie engendre un soleil » (Aragon).

Ma nourrice était une paysanne espagnole. Un jour, mon père était venu me voir et lui avait déclaré : « Qu'il est laid, ce gosse ! » Elle répétait à mon grand-père : « Il me l'a trouvé laid, l'animal ! » Si j'ai appris l'espagnol par plaisir, en dehors des obligations scolaires, ce n'est peut-être pas par hasard. Cette langue a bercé mes premiers jours. L'entendre me transporte, même s'il s'agit de la lecture d'un annuaire téléphonique !

Comment ai-je réagi à la séparation d'avec ma mère ? Je n'en sais rien. J'ai seulement pu repérer quelques traces de cette déchirure : sentiment d'insécurité, doute sur moi-même, peur de n'être pas reconnu. Un éminent psychiatre a proposé une théorie qui, sans vouloir culpabiliser les mères, pourrait les éclairer :

Si l'enfant n'a pas eu la certitude de l'amour de sa mère, il sera incapable de se convaincre de sa possibilité à être aimé et ne possédera pas ce sens inné de confiance en soi sur lequel s'appuyer. Même si la vie le couronne de succès, il restera intensément vulnérable aux échecs, aux rejets, aux désappointements qui le plongeront dans une profonde dépression (Anthony Storr, *L'Agressivité nécessaire*).

Cette nuit, alors que je venais de rédiger ces lignes, j'ai rêvé de ma mère. Ce n'était pas le visage des dernières années de sa vie. C'était son visage de femme de trente ans. Ce beau visage au regard doux et profond était, dans mon rêve, immobile et silencieux. Il s'effaça lentement malgré mes efforts pour le retenir. Dans l'Éternité, peut-être retrouverons-nous ces périodes enfouies de notre pré-histoire : nos premières années.

Quelle sorte d'enfant ai-je été ? Ma mère a-t-elle éprouvé quelque bonheur à élever cet enfant-là ? Je ne remonte pas dans ma mémoire plus loin que l'âge de cinq ans. Le plus vieux souvenir est la peur. Ma sœur, un soir, dans notre chambre me montra une ombre sur le haut d'une armoire. Elle répétait, pour m'impressionner : « Stani, les singes ! » Elle évoquait les singes que nous avions vus le jour même, dans un zoo.

Je me rappelle les petits déjeuners avec des tabliers en tissu éponge représentant des fables de La Fontaine. J'avais la serviette bleue et le dessin du *Corbeau et du Renard.* Mon petit frère avait une serviette jaune avec *le Lièvre et la Tortue.*

Les jouets tiennent une place considérable dans la découverte du monde par un enfant. J'avais reçu pour Noël un livre d'initiation à l'alphabet dont les dix ou douze pages étaient en chiffon. Il y avait aussi des cubes dont les six faces permettaient la construction de six maisons différentes.

Les spécialistes de l'enfance le disent à longueur d'ouvrages : cette période est décisive pour le reste de la vie. C'est à ce moment-là que se forment nos premières stratégies devant ce que nous ressentons comme des menaces. Pendant ces années nous éprouvons nos premières émotions et nos premières joies. Nous apprenons les charmes et les risques de la relation. Nous tâtonnons vers le monde extérieur comme la petite marmotte se hasarde hors du terrier, faisant demi-tour au moindre danger.

L'enfant rencontre une loi qui contrecarre ses instincts. Il lui faut dormir quand il a envie de manger, manger lorsqu'il voudrait dormir, cesser de jouer quand il a envie de continuer, se taire au lieu de brailler. Sa découverte du monde se heurte chaque jour à des *interdits.* « Ne touche pas à ça ! » « Attention, tu vas tomber. » Je ne saurai jamais ce que je serais devenu si j'avais été élevé par des parents trappeurs-voyageurs-cinéastes, toujours libre de courir les bois, confronté avec des rythmes et des dangers naturels. Nous ne choisissons pas le terrain où nous avons été semés. Mais c'est bien là, dans ce terrain, qu'il nous faut fleurir !

Dans les années 30, le rigorisme en matière d'éducation battait son plein. Extérioriser une émotion de frustration devant des adultes était bien plus risqué que de la rentrer à l'intérieur. On recevait davantage d'estime et d'affection lorsqu'on filait doux. À la maison, les larmes étaient bloquées dans l'œuf par une déclaration transmise de génération en génération : « Un Rougier ne pleure jamais ! »

Le plus souvent, nous ignorons tout de l'enfant que nous avons été. Mais cet enfant, s'il s'est senti brimé, revient sans cesse tout au long de sa vie réclamer la part de *reconnaissance* qu'il n'a pas reçue. Être accepté, accueilli, désiré : voilà, sans doute, le besoin le plus fondamental de l'être humain. Si nous avons été créés à l'image d'un Dieu qui n'est que désir, accueil, communion, est-ce là bien étonnant ?

Les parents qui tiennent le *journal de bord* des réactions significatives de leur enfant lui feront un jour un beau cadeau. En ce qui concerne ma petite enfance, je dispose de très peu de témoignages de mes parents. En voici un : ils avaient emmené leurs six enfants dans les bois. Nous étions censés ramasser des noisettes et tout rassembler en une cueillette commune qui serait redistribuée équitablement. J'étais intervenu pour déclarer de façon péremptoire :

— J'ai ramassé mes noisettes, je mangerai mes noisettes !

Un portrait de moi dessiné par ma grand'mère me fait rire. J'ai la tête d'un enfant tibétain candidat au poste de Bouddha réincarné. Je ne m'aimais guère. Je ne me serais pas inventé avec cette tête-là. On m'attribuait d'ailleurs le nom d'une tribu d'Asie centrale : le *Toungouse.* Je ne savais pas ce que cela voulait dire, mais je flairais, au ton, que ce n'était pas très brillant. Ma tête était ronde comme une bille. Mes paupières se fermaient lorsque je riais.

J'ai beaucoup observé dans ma vie les petits enfants. Jésus-Christ a tenu à leur propos d'étranges paroles : « Leurs anges voient constamment le visage du Père », « Si vous ne leur ressemblez pas, vous n'entrerez pas dans le Royaume. » Veut-Il parler de leur innocence ? Peut-être s'agit-il de leur humilité ? À moins qu'il ne pense à une certaine façon de s'abandonner !

L'enfant est spontané, curieux, heureux de vivre, accueillant au mystère... L'enfant ne juge pas, ne compare pas, ne projette pas d'arrière-pensées sur l'instant présent. « Heureux les cœurs purs, ils verront Dieu. »

Le visage d'un enfant apporte au monde un message venu d'Ailleurs.

Prenez garde à ce petit être
Il est bien grand, il contient Dieu...
Ils viennent, Dieu nous en fait don.
Dans leur rire Il met Sa sagesse
Et dans leur baiser Son pardon
...S'ils ont faim le paradis pleure
Et le ciel tremble s'ils ont froid (Hugo).

Sur l'essentiel, les enfants se ressemblent tous. Ils courent vers le monde avec confiance. Les adultes nomment cela naïveté. Au prix de quelques bosses ils découvrent la résistance des solides, par des brûlures le danger du feu ! Ils expriment bruyamment leurs enthousiasmes et leurs frustrations. Les adultes n'aiment pas être dérangés.

J'aurais aimé être un enfant africain d'autrefois, à qui on fait passer, à l'adolescence, de terribles épreuves : se nourrir seul dans la forêt, affronter mille dangers, éviter les fauves, être harcelé par des fourmis venimeuses. Une fois cette épreuve franchie, il est libre et responsable. L'enfant des années 30 recevait une initiation souvent abstraite. Oh ! la panique devant les chiffres ! De la table de multiplication aux problèmes d'algèbre, ce fut pire qu'un régiment de fourmis rouges. Angoisse devant la grammaire allemande. Quel cauchemar !

J'ai retrouvé deux lettres de ma grand'mère à ma mère :

> « Janvier 1935 [j'avais quatre ans et demi]... Tes petits sont bien mignons et raisonnables. Stani a trouvé dans son soulier une boîte à couleurs. Jamais Castaing faisant un portrait à dix mille francs ou Bonnard un chef-d'œuvre n'ont mis autant d'application, n'ont eu autant de satisfaction artistique que ton fils peignant un perroquet. Il peindrait toute la journée si on le laissait faire. Le premier jour, il a usé son pinceau jusqu'à la garde. Après, il peignait avec le fer. Je te laisse à penser la croûte épaisse qu'il y avait sur le papier. Il a épuisé toutes les couleurs. Bon papa s'est fâché, a déchiré le cahier. Le lendemain, j'ai acheté un autre pinceau, un autre cahier. Stani a dit : « Maintenant, je vais bien m'appliquer ! » Et en effet, il réussit pas mal...
> Bon papa cherche noise à Stani sur sa paresse. Moi, je trouve qu'il est bien avancé pour son âge. J'essaie de lui faire écrire des lettres. Il n'est guère adroit, sauf en dessin... »

> « Novembre 1935. Ton père et les enfants ont fait une longue promenade à vélo. Le pauvre Stani en a vu de toutes les couleurs. Il est tombé plusieurs fois... Je laisse leur porte ouverte la nuit pour les entendre. Ils dorment bien. Stani est poltron et la nuit il n'ose pas

aller seul aux cabinets. Il a écrit une carte à son frère. Cela te prouve que cet enfant est bien avancé pour son âge, sans que nous nous donnions grand mal pour son instruction. Il est intelligent et très sensible... »

En retrouvant cette lettre, des souvenirs enfouis me sont revenus en mémoire.

J'ai dû laisser en friche les aptitudes les plus réelles que l'héritage familial avait déposées en moi. Le temps dévolu à l'étude du dessin et de la peinture fut infime. Aucune initiation concernant la musique ou le chant... Et environ trois cents heures par an de mathématiques ! N'y avait-il pas là un complot contre l'âme ?

Ma grand'mère maternelle, aux cheveux blancs comme la neige, avait beaucoup d'affection pour moi. Cela n'allait pas sans favoritisme et certains de mes frères le ressentaient mal. J'imagine assez bien l'horrible scénario : « Amé, ils m'embêtent ! » Sanctions grand'maternelles sur les *frangins*. Représailles. Une fois, ils m'avaient ligoté et voulaient me faire avaler un œuf qu'ils avaient fait cuire. J'avais hurlé sous la coulée brûlante : une vraie scène de western. J'écris cette anecdote en riant. C'est cela, la joie de la vie de famille. « On se dévore parce qu'on s'adore ! »

Quant à ma grand'mère, je me souviens d'une de ses colères :

— Qui a pris mes dragées ?

— Pas nous, pas nous, on vous le jure ! avons-nous crié, ma sœur et moi.

À l'instant même, notre grand'mère tirait de la table de nuit un pot de chambre rempli d'un liquide bleu, preuve irréfutable de notre rapine doublée d'un mensonge. Ces dragées étaient des pastilles au bleu de méthylène. Nous ne nous étions rendu compte de rien. Le contraste entre les lèvres pincées de notre grand'mère et le fou rire difficilement maîtrisé de ma sœur Madeleine et moi reste gravé à jamais dans ma mémoire.

Chère grand'mère, vous nous faisiez réciter le chapelet le soir et j'interrompais toujours avec un ton agacé : « Ainsi soit-il, allez ! »

Je retrouve aussi une lettre de mon grand-père à sa fille datant de l'année de mes cinq ans :

> « Mme du M. a voulu voir le dessin de Stani. Deux bœufs attelés à un rouleau et un bouvier le conduisant. Il y avait aussi dans le dessin les bords du Soust avec les chênes, la rue et la nouvelle maison rose que l'on vient de bâtir. Ton fils sera certainement un grand peintre. Il a fait le portrait de sa grand'mère entièrement seul... Ta mère t'a envoyé une fable composée par Stani : un loup attire un agneau en lui offrant des bonbons. La mère de l'agneau cherche vainement son fils. Ton n°5 est un intellectuel. Normale Sup et l'Académie, pas moins !... »

Cela n'empêchait pas mon grand-père de me traiter souvent d'« abruti ». Il m'écrivit un jour :

> « Lorsque tu avais quatre ou cinq ans, j'essayais de t'apprendre à lire. Tu avais le regard perdu. Tu étais ailleurs et j'enrageais... »

J'étais *ailleurs,* en effet. Je n'entendais pas ce que l'on me demandait lorsqu'on m'interrogeait. J'en étais encore resté à la question précédente. La vie allait trop vite. On m'appelait parfois l'*ahuri.* J'étais sans doute ahuri d'exister !

Un jardin auprès de la maison nous offrait un champ d'observation illimité. Désormais, les chênes et leurs capricornes, les rivières et leurs écrevisses seraient les messagers du bonheur... Quelle étrange sensation en délogeant de la main ces petites bêtes bizarres cachées au fond de l'eau, sous les pierres ! Comment dire la bonne odeur du ruisseau et le contact des orteils avec la mousse ? Mais c'est ma complicité avec mes frères et ma sœur qui rendait nos *expéditions* tellement magiques. Nous nous suivions à un an près, tous les six. Il y avait *les trois grands et les trois petits* ! Parmi les trois petits se trouvait mon unique sœur, presque ma jumelle.

À l'âge de sept ou huit ans, j'étais avec ma sœur et mon petit frère dans un cours privé mixte. Je n'ai gardé que deux ou trois souvenirs de ce temps-là. Une institutrice très sévère nous faisait peur. Son nom, « Madame Cruella », n'arrangeait rien !

Il y eut un événement minime auquel on donna un retentissement démesuré. Il paraît que j'avais cassé une scie à métaux de mon grand-père. À la question : « Qui a fait cela ? », j'avais nié. Déclaré coupable, je ne fus plus jamais cru lorsque je proclamais mon innocence. Du délit lui-même dans ma sixième ou septième année, je n'ai gardé aucun souvenir. Jamais je ne saurai si c'est réellement moi qui ai *fait le coup.* Mais je n'ai plus cessé d'entendre la rengaine : « Oui, c'est comme pour la scie à métaux ! » (J'entendais « Ameto ». Pour moi, c'était une marque.) J'ai fait une véritable fixation sur cette histoire. Mais l'obsession du reproche, ce n'est pas moi qui l'avais créée ! La hantise d'être pris en défaut peut empoisonner une vie. Être déclaré coupable, c'est perdre du même coup l'estime de nos parents ou de nos semblables, estime à laquelle notre vie est suspendue. Si j'avais été un sage, j'aurais ri de cette erreur judiciaire ; j'aurais mis mon ego dans ma poche et mon mouchoir par-dessus !

Ce qui me surprend le plus lorsque je repense à cette époque, c'est le silence dans lequel l'enfant que j'étais gardait ses impressions. J'étais comme une éponge. Rien ne m'échappait de mon environnement, je recevais en pleine poitrine les réactions les plus imprévisibles des adultes ; j'aurais pu souhaiter avoir quelques clefs pour comprendre tout cela. Non, le plus souvent, j'étais totalement livré à moi-même. Les affluents des fleuves, les préfectures des départements, les batailles des rois, les problèmes de robinets qui coulent et de baignoires qui se vident, les coudes sur la table et $ax^2 + bx + c = 0$, voilà ce qui comptait ! Mes états d'âme ? Débrouille-toi avec ! Si cela me faisait trop mal d'être écorché au-dedans, il m'arrivait d'en parler à un copain. Inévitablement, il rigolait et ajoutait : « Raconte pas ta vie ! »

Ingmar Bergman demanda, un jour, à son père pasteur si Dieu était concerné par la déception amoureuse qu'il était en train de traverser. L'éclat de rire de son père et son haussement d'épaules ont marqué l'œuvre du grand cinéaste. Une minute de manque d'attention à un moment crucial, et voilà toute une vie qui *flambe* !

De l'enfance, je garde des souvenirs en désordre et contrastés. Promenades joyeuses dans les sentiers des Pyrénées, odeur de buis, grondements de torrents. Larmes d'être humilié devant tous : « Tu es privé de dîner, va te coucher ! » Joies d'un regard qui vous parle, d'une parole qui vous réchauffe, d'un sourire qui vous éclaire. Amertume au goût de craie, près du tableau noir, tandis que les copains dans votre dos s'amusent de votre honte. Allégresse, les pieds dans l'eau, à la recherche des écrevisses. Constructions de cabanes avec une bande de frères. Hébétement sur les cahiers de classe lorsque la voix des professeurs vient hurler votre nullité. Ivresse d'exister, enveloppé de soleil, de mer, de vent. Angoisse devant le regard réprobateur des *grandes personnes.*

Je prête aujourd'hui à ces souvenirs la beauté des clairs-obscurs. Mais comme j'aurais aimé que l'on m'offre une « carte du Tendre » pour me repérer !

C'est cette enfance-là qui reste présente à mon souvenir. Elle a le goût du réel. Comme le vent qui sculpte la dune, elle m'a construit. Je suis totalement réconcilié avec elle.

Ces bribes dispersées se sont déroulées comme dans une vie antérieure. Ce sont des moments magiques constitués avec des riens. Je me vois à sept ans, rangeant un soldat de plomb dans une cache qui se trouvait dans le mur, à la tête de mon lit. Le soir, avant de m'endormir, je vérifie s'il est bien là et je l'embrasse. C'est un soldat bleu horizon. Il monte à l'assaut avec un grand sabre dans une main et un revolver dans l'autre. Il incarne le courage et l'héroïsme. Le papier peint, coloré d'oiseaux bleu foncé, recouvre le couvercle de cette cachette, le rendant invisible.

Souvenir de châtaignes grillées, achetées sur le trottoir pour vingt-cinq centimes : une grosse pièce trouée au milieu, magnifique avec sa Marianne et ses gerbes de fleurs. Les châtaignes (nous les appelions des marrons) sont toutes chaudes dans la poche. Elles me chauffent les mains. Cette chaleur dans le froid glacial est tellement agréable !

Un jour, lors d'une kermesse dans un parc, nous étions tristes, mon jeune frère et moi, de n'avoir pas un sou à dépenser, pas même pour pêcher avec un crochet une de ces pochettes-surprises où se trouvent des babioles à deux sous. Nous ruminions notre dénuement, lorsque je vis en soulevant le pied une pièce d'un franc. Tout heureux, je mise ma fortune à un stand. Un lapin devait venir choisir une feuille de chou. Le lapin avait le choix entre six feuilles. Il choisit la nôtre. Ah ! Ce camembert que nous avons rapporté à la maison ! Quel triomphe ! Quelle fête ! Pauvres riches qui ignorent ces joies !

Ma sœur Madeleine et moi, nous allions parfois sur une grande place où, chaque année, la foire étalait ses manèges. Le seul divertissement qui soit dans nos prix est une balançoire en forme de barque, suspendue à des barres rigides. Ma sœur n'a jamais peur. Debout sur le siège, elle me donne l'impression de vouloir tenter le tour complet. Si je crie, elle va encore plus haut. Alors je me tais, et je la regarde avec sa petite robe qui vole, à la fois mort de peur et ébloui.

Quand ai-je commencé à me poser des questions sur le prodige d'exister ? Pas avant quatorze ou quinze ans ! Aujourd'hui, j'y pense presque chaque jour. Enfant, rien ne nous semble plus naturel que d'être là ! Et pourtant, c'est le miracle le plus inouï, le plus incroyable, le plus étonnant :

j'existe, j'ai été invité, je suis du voyage. Vous ne m'entendez pas mais je crie en écrivant cette phrase. Et chacun de vous qui me lisez, vous avez certainement éprouvé le même saisissement au cœur. Qui a allumé l'étincelle de notre origine et pour quoi ? Qui possède la clef de l'énigme que nous sommes ?

Et maintenant c'est trop tard pour revenir avant le Big Bang de notre naissance !

En vacances, notre grand-père était très présent. Il nous emmenait à la plage d'Erromardie, près de Saint-Jean-de-Luz, et nous apprenait à nager. Nous habitions sa maison, une demeure immense de style basque. Nous la remplissions de nos jeux bruyants : parties de cache-cache *(Minuit sonnant, le diable entrant !)*, glissades dans les escaliers. Pendant ces années-là, j'ai fait provision de joie pour la vie ! Les ingrédients du bonheur étaient tellement simples ! Beauté de la nature et bonté des visages. Je dormais la fenêtre ouverte, bercé par le chant des grillons et le hululement des chouettes. Le chant du coq avant l'aurore nous disait : Dépêche-toi, tu vas manquer le soleil !

Nous retrouvions souvent la cuisinière, Ernestine. Elle chantait en repassant le linge. Ma sœur et moi, nous l'écoutions blottis sous la table de la cuisine. Le soir venu, couchés à plat ventre sur un tapis, nous griffonnions les agendas périmés d'une compagnie d'assurances. Parfois, nous jouions avec un gros Larousse. Il s'agissait de désigner un des nombreux petits dessins qui entouraient chaque lettre en début de chapitre. Le premier qui donnait le nom de l'objet dessiné avait gagné.

C'était un déchirement quand Ernestine venait nous chercher, et frappait énergiquement dans ses mains : « Les enfants, au lit ! »

Avant de nous endormir, nous nous racontions des histoires pour nous enchanter, nous surprendre, nous faire peur. Un jour, je lus un livre de contes à mon petit frère. Je restai fidèle au texte, puis, sans quitter le livre des yeux et tout en tournant les pages, je me mis à délirer en inventant des péripéties de plus en plus insolites. Bientôt, à mon fou rire il ne tarda pas tout de même à s'apercevoir de ma supercherie.

Lorsqu'on met au monde six enfants rapprochés, on n'a guère le loisir de se poser des questions. La plus obsédante : « Comment les nourrir ? », prend presque toute la place. À cette époque, la pédagogie ne se dictait pas du haut d'une chaire professorale. Elle s'inventait sur le terrain. J'ai vu un jour une ourse blanche repousser à l'eau son petit chaque fois qu'il remontait sur le bloc ferme du rocher. C'est ainsi que nos parents élevaient leur tribu !

Une lettre de ma mère me met en cause :

> « Stani a reçu un cadeau de son parrain : un petit jeu de construction. Je vais être obligée de l'enfermer tant que les devoirs ne seront pas faits. Il a déjà fallu se gendarmer hier soir pour faire travailler ce malheureux Stani. Ce petit est inapte à tout progrès. Toute formation morale glisse sur lui comme de l'eau sur un canard. Il ne faut rien lui passer. Seule la privation de nourriture est de quelque utilité... »

Je n'avais que six ans. Je suis reconnaissant à mes parents et mes éducateurs d'avoir eu de grandes exigences. Leur méthode était parfois un peu spartiate, mais l'inverse aurait pu être plus dommageable. Aujourd'hui, de nombreux parents, trop déçus sans doute de leur couple ou de leur profession, n'attendent le bonheur que de leur enfant. Ils négocient les progrès qu'ils souhaitent : « Tu auras un vélo si tu apprends à ranger ta chambre », « Tu auras une moto si tu es reçu au bac... » Cela commence très tôt : « Tu auras un bonbon si tu t'arrêtes de crier ! » Vingt ans plus tard, comment ne pas se souvenir de la corrélation *plainte-gratification ?* A-t-on raison de choisir les moments où un enfant se fait mal pour le cajoler ? Bien des maladies s'expliquent par ce lien inconscient : « C'est lorsque j'ai mal que l'on s'occupe de moi ! »

Pour que l'émotion des parents se manifeste, un enfant Rougier devait se trouver dans un état vraiment préoccupant. La vraie tendresse n'a rien à voir avec l'attitude des parents trop inquiets au sujet de leurs enfants. Il n'y a pas d'assurance contre le risque de vivre. Quant à la permissivité, elle fabrique un univers sans pôle où on ne peut plus s'orienter.

« La vie te dressera », me disait mon père. J'interprétais : « La vie t'obligera à te mettre debout ! » Je lui dois cette justice qu'il n'a pas enveloppé de coton les épines du chemin. Parfois, il utilisait un martinet que nous nommions *le chat à neuf queues.* Mon frère Yves en avait coupé en riant les lanières. Les coups donnés avec le manche n'étaient pas vraiment plus doux !

C'est à propos des châtiments corporels en éducation que saint Augustin a prononcé la parole célèbre « *Ama et quod vis fac* » (« Aime, et ce que tu veux, fais-le »). Une fessée administrée avec amour est nettement plus vivifiante pour l'enfant qu'une absence de sévices, signe d'indifférence. Derrière la rudesse apparente de mon père se dissimulait un amour fou. Devant les difficultés de ma vie d'adulte, je regrette souvent de n'avoir pas eu une jeunesse plus bousculée.

Les années étaient tissées d'un fil d'or et d'un fil noir. L'amour était le fil d'or et son absence, le fil noir. La tendresse me donnait la clef du monde. Le regard valorisant d'une jeune institutrice lorsque j'avais huit ans m'avait galvanisé. Je me dépasserai, pensai-je, pour tenter d'être digne de son attente.

C'est l'amour qui est la clef de tout. Et l'amour n'est jamais au bout de nos industries ou de nos ruses. C'est un cadeau de Dieu. Mon seul regret est d'avoir mal interprété certaines réactions de mes parents à mon égard. Notre père aimait que l'un de nous vienne lui porter le petit déjeuner dans son lit le dimanche matin. « Viens me tenir compagnie ! » disait-il. En ce qui me concerne, j'ai vécu ces moments davantage comme des interrogatoires que comme des instants de complicité. Assis près de la fenêtre, j'attendais, résigné, les reproches au sujet de mes bulletins scolaires.

Chaque fois que je passe par Clermont-Ferrand, je sonne à l'appartement que nous habitions et je m'assieds à nouveau dans cette chambre pour consoler un petit garçon qui, en ce lieu, a eu le cœur si froid ! Oh ! pouvoir revivre les jours de son enfance, avec deux ou trois clefs pour déchiffrer le réel ! Mes parents ne se trompaient pas lorsqu'ils me disaient : « Si on te fait la guerre, c'est pour ton bien... Tu nous en seras reconnaissant plus tard ! » Comme ils avaient raison d'exiger de nous le meilleur ! « Il faut à l'enfant, pour devenir un homme, un mur sur lequel pourra rebondir sa balle » (Freud).

J'essaie de ne pas trop parler, dans ces pages, de mes frères et de ma sœur. La raison n'en est pas qu'ils comptent peu pour moi, bien au contraire, mais ils n'aimeraient sûrement pas voir leur vie ainsi dévoilée. Je parlerai d'eux dans le seul cadre de mes relations avec eux. S'il existait entre nous une réelle connivence dans les farces et les loisirs, en revanche régnait le plus grand secret en ce qui concernait notre vie personnelle, affective ou spirituelle. Il en fut de même avec nos parents qui ne recherchaient pas vraiment les confidences, sauf en période de crise.

Derrière un rideau de pudeur, au-delà de nos rivalités, une complicité fraternelle nous unissait tous les six. Je bénis le Ciel de n'avoir pas été fils unique. Pendant mon enfance et ma jeunesse, le *prochain* fut ainsi omniprésent. Quel cadeau fantastique nous ont fait là nos parents ! Construire des cabanes, tailler des arcs, engager des combats de tranchées avec pour projectiles des *pommes à cochon,* se balader en kayak sur mer et en rivière, chevaucher des poneys, faire de la spéléo sous le plancher de la maison, tout cela, vécu en solitaire, n'aurait eu aucune saveur. C'est de la vivre ensemble avec tel de mes frères ou avec ma sœur qui rendait l'aventure si passionnante. Nos liens sont nos racines. Nous sommes vivants dans la mesure même où nous sommes *reliés* les uns aux autres.

Et pourtant, c'était aussi le règne du *chacun pour soi* : « C'est mes soldats de plomb, c'est pas les tiens !... » Les enfants Rougier avaient le sang vif. Nous nous querellions sans cesse. Lorsque nos disputes étaient trop bruyantes, nous entendions à travers la cloison la machine à écrire paternelle s'arrêter. Un fauteuil raclait le plancher. Nous nous arrêtions pétrifiés. La porte de notre chambre s'ouvrait brusquement. Chacun, se protégeant la tête, maugréait : « C'est pas moi, c'est lui ! » Notre père distribuait souverainement une gifle bien sentie à chacun, sans faire de détail. Il repartait en concluant d'une voix magistrale : « Et si vous recommencez, ce sera le double ! »

Mon frère aîné, Michel, était un fort en thème... Pas seulement en thème d'ailleurs. À la distribution des prix, il les décrochait tous. Rien qu'en lui adressant la parole, on se sentait soudain devenir complètement idiot. Très vite ses études à l'École polytechnique l'éloignèrent de la maison. Les prétendantes qui entreprenaient sa conquête étaient si nombreuses qu'il ne savait plus où donner du cœur.

Avec Jean, le deuxième, j'entreprenais de longues virées à bicyclette à travers le Puy-de-Dôme. Cent cinquante kilomètres dans la journée ne nous faisaient pas peur. Nous étions envoûtés par ces paysages de vergers, de prairies, de forêts, de lacs, de volcans. Nous chantions à tue-tête : « Jeunesse, jeunesse, printemps de beauté, marche, le temps presse, vers ta liberté... » Ivres d'espace, nous respirions à pleins poumons. Comme c'était bon de vivre !

Yves, le troisième, était toujours en quête d'une farce. Il avait le génie du *coup tordu.* Une institutrice très âgée venait parfois nous donner des leçons particulières de français. Yves me cachait sous un lit et je devais de temps en temps gratter le plancher. Cette femme avait très peur des souris et se mettait à pousser des cris.

J'ai gardé un souvenir désopilant d'un des stratagèmes de ce frère. Il avait composé avec les restes du repas du soir une bouillie infâme. Il l'avait versée négligemment au pied de son lit, puis sur le trajet des toilettes. Ensuite, il m'avait dépêché vers ma mère pour lui dire : « Yves est malade ! » Notre mère, piégée par la mise en scène, avait déclaré énergiquement : « Il ne faut pas que tu ailles en classe ! » Et Yves, sortant le museau de ses couvertures, gémissait : « Tu crois ? Vraiment ? » Ce jour-là, mon frère devint pour moi une vraie star ! Précédemment, il avait déjà acquis à nos yeux un prestige étonnant en pêchant des poissons rouges dans le bassin de notre propriétaire.

J'appartenais à un autre clan, celui des trois petits. En tête, ma sœur Madeleine, décidée, ferme, organisée. Durant une année scolaire, nous sommes restés tous les deux avec notre grand-père. Lorsqu'il nous faisait travailler ensemble sur quelque devoir de maths ou de latin, il nous arrivait de prendre des fous rires qui le mettaient dans de grandes colères. Notre contrition et la voix douce de ma sœur faisaient merveille.

Dans une lettre retrouvée (j'avais douze ans), je lis :

> « Madeleine devait arriver de Besse par l'autobus. J'ai couru à l'arrêt des bus. Trop tard : elle était partie à la maison. Dès qu'elle m'a vu, elle m'a embrassé à m'en user les joues... »

Nous avons gardé un fameux souvenir d'une balade de trente kilomètres à pied, Madeleine et moi, à travers les collines du Pays basque, dans l'odeur des fougères et des ajoncs. Un agenda aux pages jaunies garde une trace curieuse de cette équipée au printemps de mes treize ans :

> « 21 février. Balade avec Madeleine. Nous marchons en chantant. Partis à neuf heures. Nous sommes à Ascain à dix heures. Nous escaladons le pain de sucre avant de redescendre sur le col Saint-Ignace. Croquis du paysage. À midi et demi, nous sommes à Sare, où nous achetons du pain. Madeleine ne veut pas que j'en mange. J'ai faim. Nous faisons un feu et cassons des œufs sur une pierre plate. La pierre éclate avec la chaleur. Nous grimpons dans les ajoncs. Le paysage sur l'Espagne est magnifique. Nous voyons deux vautours. Nous passons par Saint-Pée au retour, ce qui nous fait encore huit kilomètres de plus. À Saint-Pée, je vois un sanglier dans une boutique. Nous sommes rentrés à dix-neuf heures trente. J'ai encore les stalactites de glace que nous avons ramassées à Saint-Ignace. »

On dirait un rapport militaire.

Nous possédions un merveilleux répertoire de vieux chants français que nous interprétions à deux voix. C'était le plus souvent des chansons d'amour. Madeleine me déchiffrait au piano la musique des *negro-spirituals* que nous chantions interminablement. *« Sometimes I feel like a motherless child... Nobody knows the trouble I've seen... »*

Très fine, très sensible, elle avait parfois des mouvements autoritaires qui me déconcertaient. Je l'interrogeais avec une voix plaintive : « Madeleine, pourquoi t'es méchante aujourd'hui ? Je ne t'ai rien fait ! » Cela la faisait rire.

Un jour, je l'entendis à travers la cloison parler à ma mère : « Stani écoute la radio anglaise et il n'y comprend rien. Ça me met hors de moi ! » En réalité, j'écoutais un cours d'anglais adapté pour les débutants. Ce genre de décalages ou de malentendus entre deux êtres tellement faits pour s'aimer me bouleversait déjà bien plus que de raison !

Je me souviens de délicieux conflits entre nous. Nous voulions tous deux lire : *Autant en emporte le vent.* Au lieu de négocier un partage des heures de disponibilité du livre, nous nous le dérobions. Souvent, avec une lampe de poche, je le lisais sous mes couvertures, dans la délicieuse inquiétude d'être surpris. Dès qu'elle l'avait saisi, je ne pensais plus qu'à une chose, le reprendre.

Un jour, à l'âge de dix-sept ans, j'emmenai ma sœur à moto au bord du lac Montcineyre, le plus sauvage des lacs d'Auvergne. Là, nous avons fait du thé et nous avons dormi sous la tente, bercés par le clapotis de l'eau. Ma sœur était ravissante. Mes camarades défilaient à la maison. Ils prétendaient venir me voir. Je savais bien qu'ils venaient dans l'unique but de rencontrer Madeleine. Sur le carnet de ma dix-septième année je lis : « Madeleine va bientôt nous quitter pour travailler en Angleterre. Surtout, ne pas trop manquer sa présence en attendant cette séparation. »

Nous avons correspondu lorsque je travaillais à l'hôpital en Afrique et qu'elle suivait des études d'infirmière.

Après moi venait le *petit dernier,* Alain, celui avec lequel j'ai vécu le plus d'aventures. Lorsque nous nous retrouvons aujourd'hui, des souvenirs aux parfums de l'enfance nous reviennent en mémoire. Nous galopions sur des poneys Shetland à travers les ajoncs en chantant *Le régiment de Sambre-et-Meuse.*

Un jour où nous devions nous rendre chez des amis dans l'arrière-pays de la campagne basque, nous ne trouvions pas leur maison. Soudain, nous avisons une publicité peinte sur le mur entier d'une ferme : « La Dépêche renseigne vite et bien ». Nous ne connaissions pas ce journal. Notre grand-père ne lisait que *Sud-Ouest* ou *Le Figaro.* Nous frappons à la porte, nous interrogeons les paysans. Ils n'en savaient pas plus que nous. Alors, mon frère hausse les épaules et demande sur un ton scandalisé : « Pourquoi écrivez-vous que vous renseignez vite et bien ? » Nous avions dix et onze ans.

Alain et moi, nous inventions sans cesse des stratagèmes cocasses. Par exemple, l'un de nous, chaussé de patins à roulettes, retenait notre chien Poum avec une ficelle accrochée au collier. L'autre partait à cinq cents mètres sur la vieille route de Saint-Pée. Là, il appelait le chien qui allait le rejoindre à vive allure, entraînant le patineur. Celui-ci se prenait pour Ben Hur sur son char !

Au même âge, nous avions emprunté la bicyclette de notre grand'mère pour descendre une côte assez raide proche de la maison. Au milieu de cette pente, au bord du chemin, se trouvait un figuier dont lcs fruits nous intéressaient. Pour nous y arrêter, nous serrâmes les freins qui cassèrent net. En dégringolant dans le virage caillouteux, mon jeune frère s'ouvrit l'arcade sourcilière. J'avais un gros trou dans la cuisse (j'entends encore le chirurgien dire : « On pourrait y loger deux jeux de cartes ! »). Un couple d'amoureux passant par là nous conduisit sur la route nationale et arrêta une voiture. Je garde de cet accident un merveilleux souvenir. Il m'avait permis de vérifier que l'on tenait à moi. Je n'avais ressenti que la délicieuse sollicitude dont nous avions été l'objet, mon frère et moi.

Nos lectures se bornaient le plus souvent aux bandes dessinées : « Pim-Pam-Poum » étaient trois garnements dont la devise aurait pu être : « Le maximum de bêtises dans un minimum de temps. » Nous nous identifiions totalement à eux, d'autant mieux que leur grand-père, le capitaine Fouchtroff, aurait pu nous rappeler le nôtre. « Les Pieds Nickelés », trois clochards sans scrupule, avaient aussi notre faveur ainsi que « Zig et Puce », deux lascars qui vivaient des aventures inouïes à travers le monde. Bien sûr, il y avait aussi « Tintin et Milou ». Quelle culture !

Alain et moi, nous tenions notre quartier général dans les arbres ou dans des cabanes que nous fabriquions. Là, avec sérieux, nous fumions de gros cigares fabriqués avec de la barbe de maïs roulée dans du papier journal. Entre deux quintes de toux provoquées par l'ignoble fumée, nous envisagions de contourner l'armée ennemie par l'est ou par l'ouest, selon le vent ou le terrain ou les forces en présence. Nous nous appelions : « *Mon général* », bien entendu ! Imitant des bruits de DCA et de moteurs, nous lancions depuis le deuxième étage des avions en papier, la nuit, après y avoir mis le feu.

Un jour, nous avions quatorze et quinze ans, notre attention fut attirée par un billet d'un milliard tombé sur le trottoir. Ce ne sont pas des francs ni des dollars mais des *Pengoes.* Pas question d'en parler à nos parents, ni de le porter au commissariat de police. Non ! Fonçant directement à la Banque de France, nous comptions bien repartir avec une somme rondelette. Nos rêves de futurs milliardaires ressemblent à ceux de Perrette avec son pot au lait... Le préposé de la banque nous fit part de son ignorance et de sa perplexité et il nous remit un reçu. Huit jours plus tard, de plus en plus grisés, nous retournâmes à la banque pour prendre possession du pactole. Ah ! Quelle semaine magnifique, débordante de projets ! Nous achèterions un haras pour élever des chevaux. La maison serait immense avec un décrottoir pour enlever la boue de nos bottes. Nous aurions un yacht et peut-être un petit avion ! Et là, au guichet de la banque, catastrophe ! Adieu château, adieu chevaux ! Ce billet ne valait même pas un centime ! Cette monnaie d'Europe centrale avait sombré dans l'inflation la plus totale !

3

L'ART D'ÊTRE GRAND-PÈRE

« On met très longtemps à devenir jeune. »
PICASSO

J'éprouvais une vénération pour mon grand-père maternel. Trois années entières, entre 1939 et 1944, me permirent de vivre extrêmement proche de lui. Ma mère, de santé fragile, avait dispersé sa progéniture. Trois de ses enfants sur six étaient en pension. Pour ma part, je bénéficiais d'un régime particulier. Mon grand-père souhaitait une présence dans sa solitude de veuf. Son épouse, Marie, venait de mourir deux ans plus tôt ; j'allai donc chez mon grand père.

Gentilhomme béarnais, le colonel Jean de Coulomme-Labarthe était né en 1876, dans la maison familiale de Sault-de-Navailles. Il a quitté ce monde en 1962, dans sa ferme de Saint-Jean-de-Luz. Pour ses petits-enfants, il restera toujours *Bon papa.* Il fut le témoin compatissant de nos tourments et le *supporter* attentif de nos réussites, le *patriarche* à l'autorité incontestée. Dans une lettre à sa fille et à son gendre, je trouve cette forte injonction : « Ne perdez pas de vue que vous êtes chrétiens. Tout le reste est secondaire. »

Aucun portrait ne peut rendre compte du mystère d'un être. Tout homme est bien au-delà de nos perceptions fragmentaires. Ce que je dirai ici de Jean de Coulomme, c'est ce qu'il m'a été donné de reconnaître. Non pas ses *états de service* mais les états d'âme d'un enfant qui regarde vivre son grand-père. Dans mes yeux cet homme était beau et grand. C'est lui qui m'apprit à lire. Mais il m'a davantage appris sur le sens de la vie que tous les livres. Je notais sur un cahier, précieusement, ses paroles que je trouvais belles, même lorsqu'elles dépassaient nos intelligences d'enfants ou d'adolescents.

Je ne saurais mieux décrire physiquement mon grand-père qu'en évoquant le pasteur du film *La Symphonie pastorale,* joué par Pierre Blanchar. Ses yeux, tour à tour, m'intimidaient, me charmaient, me fascinaient. Il avait un regard d'aigle. Son front était large et bombé. Même à l'intérieur de la maison, il portait sur la tête un béret basque. Ses lèvres minces étaient surmontées d'une fine moustache. Il gardait souvent à la bouche un mégot éteint et noirci. Il roulait du *gros gris* de soldat avec un petit appareil que je trouvais très rigolo. Sa démarche rapide semblait vouloir cacher une blessure due à une chute de cheval. Lorsque ses douleurs de *rhumatismes et lumbagos* le faisaient souffrir, il crispait son visage mais il ne disait rien.

Je le vois soulevant ma sœur, âgée alors de six ou sept ans, debout sur la pointe de son pied, la maintenant en équilibre de ses deux mains écartées. Sa voix prenait alors des accents émouvants : « Mais c'est la petite Pussy cat ! » (il prononçait « *poussiquette* »). Il portait à ma sœur, la seule fille au milieu de cinq garçons, la plus grande tendresse.

Je le vois nous racontant au coin du feu les guerres de l'antiquité grecque. À travers ses récits, les aventures d'Ulysse me passionnaient.

Accroupi, figé, près de la TSF, en 1943, il écoutait à travers des brouillages ce qu'il pouvait entendre de Radio-Londres.

Il m'emmenait parfois, depuis Saint-Jean-de-Luz, avec sa vieille voiture à travers le Béarn. Il me conduisait par des sentiers boueux vers ses deux métairies. Là, il parlait en langue béarnaise. Il connaissait bien les tâches de la ferme et comprenait la pauvreté des rendements de la terre. Lorsque la foudre avait tué un cochon ou un veau, c'était toujours du sien qu'il s'agissait, bien sûr ! Il n'était pas dupe, mais faisait semblant de ne rien voir. Ensemble, nous rendions visite à toute une tribu d'oncles, de tantes, de cousins, de cousines. Un de ses frères, Louis, aumônier d'un couvent à Orthez, n'avait pas son pareil pour faire des enluminures sur des couvertures de livres de messe et écrire des poèmes de Villon sur de grands abat-jour.

Je me faisais sévèrement rabrouer par mon grand-père lorsque j'osais regarder le dos des livres de trop près. Rien de tel pour tomber dans l'idolâtrie du livre. L'intouchable, c'est le sacré !

Je revois mon grand-père, le visage recueilli devant la tombe de son épouse Marie. Je restais ainsi près de lui dans un profond silence.

Je l'entends dans des conversations sans fin avec sa fille. Il y avait entre eux une connivence totale. Elle fut sa passion la plus forte jusqu'à la fin de sa vie. Lorsqu'ils étaient séparés, le plus grand bonheur de Jean de Coulomme était la correspondance qu'il entretenait avec Suzanne. Pendant l'Occupation, le contenu de ces lettres ressemble à ces *messages personnels* lancés à la radio de Londres : « Un veau naîtra cette nuit », « Les plombiers sont arrivés », « Les poules ne pondent plus ».

Je le vois étendu, torse nu sur son lit, nous expliquant comment améliorer l'*opération ventouses* effectuée sur son dos à la peau presque diaphane.

Je le vois chez des femmes veuves ou déprimées, distrayant leur solitude d'une amitié exigeante et fidèle. Il avait toujours le mot juste. Il prenait tout au sérieux, mais rien au tragique. Il m'emmenait avec lui dans toutes ses visites. J'assistais à des conversations, je découvrais la beauté des relations d'amitié. « À mesure que tu parles, j'existe. » Il n'y avait là ni mièvrerie ni sentimentalisme, et l'humour n'était pas absent. À une *soupirante* (jamais mot ne fut mieux approprié), qui racontait inlassablement ses moindres maux de ventre, il rétorqua un jour : « Pensez un peu moins à vous, vous n'aurez plus mal ! »

Parmi ces femmes, il y avait une poétesse, Jeanne, quelque peu amoureuse du *colonel.* Mon grand-père était veuf. Jeanne était l'épouse d'un général ! N'osant pas lui donner les poèmes qu'elle composait à l'intention de son ami de cœur, elle me les lisait. Cet intérêt que l'on semblait me porter me tirait de la grisaille. On ne peut exister que si l'on vit pour quelqu'un. Elle me faisait réciter ses poèmes ou ceux de José-Maria de Heredia. Elle m'installait sur un fauteuil de sa chambre et me disait : « Écoute ça, comme c'est beau ! »

J'aime à sentir l'amour bourdonner à ma porte
Comme une abeille d'or que guide le désir
Respirant le parfum printanier que m'apportent
Les ailes de la joie impossible à saisir... (Jeanne J.)

Je me sentais important, reconnu.

Francis Jammes lui avait écrit :

« ... Votre royaume, Madame, c'est toujours l'antique domaine abandonné, avec les jeunes framboises des grandes vacances, les mouchoirs qu'on agite au-dessus des départs, les âmes qui ne trouvent pas ici-bas de demeure permanente. Ce sont les déceptions de la terre et les désirs du ciel... »

Mes moindres commentaires la faisaient rire. « Mon petit Stani ! Reviens me voir. Si tu savais comme ta présence me fait du bien. J'ai tant de chagrin avec un de mes fils ! Prie pour moi ! » Elle m'avait prêté un beau livre relié, un livre de morale s'intitulant *L'Ami,* écrit par le pasteur Wagner. Ce livre m'orienta à coup sûr vers la rigueur plus que vers la mystique.

Mon grand-père nous déclamait souvent, en prenant l'air inspiré, tel ou tel vers de Racine ou de Victor Hugo :

Ariane, ma sœur, de quel amour blessée
Vous mourûtes aux bords où vous fûtes laissée ?
(Phèdre)

... Et Ruth se demandait [...]
Immobile, ouvrant l'œil à moitié sous ses voiles,
Quel dieu, quel moissonneur de l'éternel été

Avait en s'en allant négligemment jeté
Cette faucille d'or dans le champ des étoiles ?
(« Booz endormi »)

Si l'enthousiasme ne se lisait pas aussitôt sur notre visage, il passait dans la pièce à côté en ponctuant sa déception par un jugement sans appel : « *Margaritas ante porcos* » (« Des perles pour les cochons »).

Il se réjouissait de nos élans spontanés vers les activités domestiques : scier le bois, bêcher le jardin, cueillir les pommes, les pêches ou les cerises, nourrir les lapins ou les poules, ramasser les œufs, faire les courses... Nous faisions tout cela avec lui avec bonheur et application.

Je le revois avec You-you, sa petite chienne ratière blanche et noire, nous entraînant dans la campagne toujours gai et chantonnant : « Ce petit chemin qui sent la noisette... »

Je le revois remplissant d'une écriture fine des pages entières où algèbre et commentaires d'Évangile se mêlaient. Il écrivait parfois à des chroniqueurs du *Figaro,* pour réagir devant leurs analyses. Un compliment qu'il adressa à un écrivain en 1950 souligne les valeurs qui comptaient pour lui. « Vous représentez à mes yeux la quintessence de la finesse, de l'esprit, de l'atticisme les plus purs, du sens de la mesure, de la modération, de tant de choses exquises dont la France semble totalement privée depuis plusieurs années. »

Il m'emmenait régulièrement à la messe de neuf heures et aux vêpres à l'église de Saint-Jean-de-Luz. Il se plaçait toujours au second ou au troisième étage des tribunes. Il n'aurait jamais manqué de faire son signe de croix, après avoir touché les pieds d'un grand crucifix usés par la dévotion des siècles. Les vêpres se transformaient souvent en cours de latin. J'essayais de traduire : « *Dimisit ?* » « Il renvoya ». « *Divites ?* » « Les riches ». « *Inanes ?* » « Sur des ânesses » ! Horreur ; « *inanes* » voulait dire « les mains vides ». Comme j'ai déçu cet homme en écorchant la langue de Virgile qu'il vénérait tant !

Je ne me lassais pas d'entendre le récit de ses histoires personnelles : son enfance à Sault-de-Navailles, ses études à Bétharram, ses labeurs de capitaine en Corse en 1928, avec les péripéties des bandits d'honneur. Prisonnier en Allemagne, il avait demandé à une paysanne de lui mettre de côté une douzaine d'œufs. Pour avoir dit : « *Legen Sie bitte ein Dutzend Eier* », oubliant « *beiseite* », il avait en réalité demandé à la fermière : « Pondez-moi une douzaine d'œufs ! » Émotion légitime de la paysanne !

Durant l'Occupation, il n'a jamais cessé d'envoyer des colis de victuailles à sa fille et à ses petits-enfants. Sans cette manne précieuse, que serions-nous devenus ?

Il prit part passionnément à la vie de la commune de Saint-Jean-de-Luz et il participa au conseil municipal durant deux mandats. (Ce dévouement lui valut de voir son nom attribué à une avenue de cette ville.) Des conversations que je pouvais avoir avec de nombreux Luziens, il ressortait que le *colonel,* pourtant si effacé, était très connu et l'objet d'une franche admiration. Sa générosité était légendaire chez les paysans d'alentour. Je ne lui ai jamais connu de querelles avec quiconque, sinon pour défendre les intérêts de sa fille. Lui, il n'avait aucun intérêt à défendre. Il répétait souvent : « Il vaut mieux se laisser plumer que de rouler les autres. »

Dans ses conversations et sa correspondance revenait souvent le thème de la « *sottise humaine* » qui est un « champ inépuisable d'exploration ». Lorsque, durant mon service militaire, je me plaignais du sadisme des *petits chefs,* il relativisait mes indignations. « Ne prends pas au tragique les choses déplaisantes, imperfections, petitesses, rudesses, injustices imputables à l'infirmité humaine, beaucoup plus discernable dans le noble métier des armes qu'ailleurs. »

Il me racontait de savoureuses histoires du monde des casernes dont il connaissait autant les servitudes que les grandeurs. Il avait un jour trouvé je ne sais quel système rendant une mitrailleuse plus performante. Son idée fut mise au panier... et reprise six mois plus tard par son supérieur à qui en revint la gloire. Il ne s'en offusquait pas. C'était là sa vraie grandeur ! Il était entré dans l'armée comme on entre en religion, avec la passion de servir. Une balle lui traversa le thorax dès le début de la guerre de 14. Il fut longtemps hospitalisé en Allemagne et en Suisse. La suite de sa carrière, on peut l'imaginer, en fut singulièrement bloquée. Je ne l'ai jamais vu se plaindre de quoi que ce soit sinon, durant ses dernières années, d'une légère surdité qui lui rendait difficile la convivialité. Lors des repas familiaux, ses six petits-enfants avaient tendance à parler tous à la fois. Lorsqu'il voulait intervenir, nous étions déjà partis sur un autre sujet... La vieillesse n'est un naufrage que si la jeunesse manque de cœur !

Des lettres à son épouse et à sa fille le montrent tel qu'il était, fringant cavalier de quarante-deux ans. Elles sont remplies d'anecdotes qui me font rêver. Il était alors au Maroc :

« Tizi Machou — Merci, mes chéries, de vos lettres. Mais elles sont bien frileuses et tristes... Ma chienne Za est venue il y a un instant me dire bonjour. Elle pénètre dans ma tente par un petit trou, soulève le drap, me lèche la figure et s'en va avec la satisfaction du devoir accompli...

Quel pays ! Avant-hier, il s'est passé une scène navrante. Trois Arabes traînaient une jeune Noire de vingt ans, les pieds en sang. En arrivant au camp, elle leur a échappé. Rattrapée, elle a été rouée de coups. Le capitaine Aubry a compris que les Arabes voulaient la vendre. Ils en voulaient cinquante douros. J'ai appris cela deux heures après. Je l'aurais achetée. La ravir à ses bourreaux ne m'eût pas été permis. Comme c'est triste, une colonisation qui laisse commettre des crimes ! Mais qu'en aurais-je fait ? Le sous-lieutenant m'a déclaré qu'il l'aurait... L'homme est une sale bête. Les chacals et les hyènes ont commencé leur concert. Ils valent mieux que la plupart des bipèdes. »

D'autres lettres sont de Taskent ou de Soukh el Djema. Mon grand-père taillait, alors, des routes dans l'Atlas.

« Je cherche ma voie au milieu des mamelons et des ravins, des rochers et des arganiers. Je dresse de petites tours de pierre. J'ai des travailleurs à des distances considérables. Mon cheval est sur les boulets. Si le travail est imparfait, le Génie poussera des clameurs. Si c'est très bien, il grognera seulement... »

Un jour, à l'âge de douze ans, j'avais porté mon vélo à réparer. Le marchand m'avait demandé : « C'est le tien ? », et je lui avais répondu : « Non, c'est à mon grand-père. Il est retombé en enfance. » (Je ne savais même pas ce que cela voulait dire.) L'affaire était revenue à ses oreilles et il piqua une invraisemblable colère. En fait, j'ignorais totalement le sens de la formule. J'eus beaucoup de chagrin d'avoir fait de la peine à un grand-père que j'aimais tant !

D'une lettre, écrite à sa fille en 1944, j'extrais quelques lignes qui ressuscitent bien des souvenirs enfouis :

> « Fais faire des aquarelles à ton fils et déchaîne-le sur un piano. D'après Jeanne J., c'est un second Mozart. Cet enfant est un artiste. Musique et peinture...
> Sa version latine et son thème de concours fourmillent de non-sens et de barbarismes, qui ont fait écrire par le correcteur : "Ignoble !" Sa nullité en latin n'a d'égale que son excellence en sciences naturelles... Il pensait davantage à déclamer "le Cid" qu'à travailler. J'ai peur qu'il fasse ici une mauvaise quatrième. Je regretterai mon petit compagnon et mon élève, mais je crois qu'il travaillera mieux à Clermont.
> Ton fils a été très apprécié ici, mais, par la force des choses, il était un peu livré à lui-même. Scènes de pugilat avec un camarade. L'autre jour, un voyou lui a flanqué un coup de poing qui lui a mis la bouche en sang... Il est parti en pédalo

jusqu'à l'Arta. Le pédalo s'est détraqué. Il a été recueilli par un contre-torpilleur allemand. Je suis, peut-être, vieux jeu, mais ça m'inquiète. »

Dans une petite carte, je lis ceci :

« Cette nuit, Stani a dépouillé le maïs jusqu'à minuit. Ton fils fait en ce moment de magnifiques cartes de l'Amérique. La géographie l'intéresse beaucoup. Le latin, beaucoup moins. Il est lent et étourdi, mais c'est un bien bon petit : caractère d'or, toujours content. Nous faisons très bon ménage. »

Un jour j'ai vu mon grand-père pleurer ; ce fut lorsque sa petite chienne mourut. Nous lui fîmes une tombe, ornée de coquillages, au fond du jardin potager.

Après avoir lu *Le Figaro littéraire* (il avait alors quatre-vingts ans), il avait félicité une jeune étudiante pour sa dissertation de Concours général parue dans ce périodique. Une correspondance régulière et émouvante s'ensuivit. Il avait invité la jeune Michèle à la maison.

Récemment Michèle — devenue une brillante agrégée de lettres classiques — m'a remis la photocopie d'une trentaine de lettres qu'elle avait gardées de mon grand-père. J'ai la conviction que, mis à part sa fille qui était sa plus proche confidente, jamais cet homme n'a vécu d'amitié plus intense. La première lettre à Michèle n'avait pas seulement pour but de la féliciter. Il était intrigué par une citation qu'elle avait faite : « Si l'on donne son cœur, on n'en a plus. » Il s'était étendu sur le précepte biblique : « Aime ton prochain comme toi-même. » Il ajoutait : « Je considère ce commandement comme un sommet dont il faut se rapprocher sans pharisaïsme par une lutte violente contre l'égoïsme, l'égocentrisme, l'*égolâtrie...* » Par la suite il fit à Michèle des confidences qui m'ont permis de découvrir bien des qualités de mon grand-père. En voici une particulièrement touchante : « Lorsque je me suis marié, j'étais le plus fruste des barbares au point de vue musical. Quel malheur, disait ma belle-mère, de donner ma fille premier prix de conservatoire à un homme incapable d'apprécier son talent... Avec patience, comme Orphée domptant les monstres, ma jeune femme est arrivée à m'initier à la musique et elle était si contente quand je lui demandais de me jouer un nocturne de Chopin ou une sonate de Beethoven. »

Peu de temps avant son « départ » il lui écrivait ces lignes qui me firent frissonner quand je les découvris : « Hélas ! l'heure vient où l'on ne fait plus de rêves, on ne peut plus faire de rêves au milieu des ruines accumulées du champ de bataille dévasté que l'on représente, où l'on ne peut que méditer sur la très petite chose que l'on est entre les mains de Dieu, une pauvre petite fourmi qui passe son temps à remplir ses greniers, puis elle va mourir, seule, derrière un petit caillou. »

Ce portrait est sans doute partial. Il m'est apparu en effet que la passion du devoir chez cet homme de rigueur avait étouffé parfois en lui la fantaisie. Mais, en réalité, les défauts que nous prêtons à autrui ne sont rien d'autre que la marque de nos frontières et de nos œillères.

Je me souviens de sa colère devant une de mes dissertations de philosophie dont le sujet était :

« Vaut-il mieux agir par respect du devoir ou par amour du bien ? » Mon choix délibéré pour le camp de l'amour l'avait poussé à durcir ses positions dans un sens opposé. Un an plus tard, je lui écrivis à ce sujet une lettre-fleuve. J'évoquais tout ce que je lui devais et mes interrogations concernant sa vision du monde.

Sa réponse fut d'une grande sobriété. N'étais-je pas allé trop loin pour le provoquer à se livrer ? J'aurais tant aimé qu'il dénonce, de lui-même, ce que j'avais trouvé si conventionnel dans son héritage culturel !

Un diamant est unique par l'harmonie de ses diverses facettes. Ce qui fait la personnalité d'un homme, c'est le relief des aspirations multiples qui la composent. Ce qui me frappait chez mon grand-père, c'était l'alliage rare de vertus complémentaires. Il avait la force du taureau et la douceur de la tourterelle, la noblesse d'un chevalier et l'humilité d'un moine, la culture d'un agrégé d'histoire et le langage simple d'un paysan, la passion d'un hidalgo et la mesure d'un sage.

Avec mon camarade Charles, je prenais des cours de diction à la Villa Molière, chez une actrice assez âgée, professeur d'art dramatique. Nous étions sa fierté. Dans son regard brillant, j'entrevoyais que j'avais quelques aptitudes. C'est ainsi que nous avons appris et joué plusieurs scènes du *Cid* et du *Médecin malgré lui.* Le jour d'une représentation publique, en pourpoint de velours, avec de grandes épées de notre fabrication, nous avons savouré notre plaisir. Puis nous avons été éblouis par un petit groupe de danseuses de dix à treize ans. Quelques années plus tard, à Clermont-Ferrand, je pris à nouveau des cours de théâtre.

Je me trouvais là comme un poisson dans l'eau. J'éprouvais une très grande joie à déclamer quelques passages célèbres d'Edmond Rostand, de Corneille ou de Victor Hugo.

Durant l'été 1941, j'avais été envoyé avec un de mes frères aînés dans une colonie de vacances de cinq cents enfants. C'était au Grand Hôtel de la Savoie, au Fayet, près de Saint-Gervais. Quelques souvenirs émergent ! De grandes balades à pied au col de Voza, au glacier de Bionnassay, aux Gorges de la Diosaz, à la mer de Glace, au Lac vert. J'étais saisi par tant de merveilles : couleurs, parfums, fraîcheur de l'air vivifiant de l'altitude. Des jeux se déroulaient dans une prairie où trônait un cerf de bronze sur un grand rocher. Je raffolais de ces jeux, surtout celui du drapeau, jeu de course, de ruse et d'équipe.

C'était la guerre... avec ses rationnements. Un soir, on nous avait servi une épaisse semoule. Je me disais que ce serait bien d'en avoir encore pour le soir. Alors, j'avais rempli mes poches. Toute la nuit, au cours d'un grand jeu, je fus bien encombré pour courir avec cette pâte collante sur les cuisses.

Les prêtres maristes qui animaient cette colonie étaient des pionniers. Vingt ans avant le concile Vatican II, ils avaient mis le latin dc côté et nous faisaient chanter des chants rythmés qui ne manquaient ni de souffle ni d'ouverture.

Chaque soir dans l'immense cour de l'hôtel, nous étions réunis pour une prière. Les chants en mélodie grégorienne étaient beaux et les paroles à notre portée :

Vous nous avez rachetés, ô Dieu de vérité !
Sainte Vierge Marie, à vous je me confie.
Entre Tes mains, Seigneur, je remets mon esprit.

L'air était limpide, les étoiles scintillaient entre les sapins immenses dans le ciel. « À douze ans, les jeux sont faits », dit Péguy. Je n'étais que cire vierge. Le réel extérieur s'imprimait facilement. Il me semble avoir capté là de bonnes graines pour être aimanté par l'Absolu, et pour aimer la vie.

Au cours de cette colonie, une épidémie d'impétigo sévit. J'étais parmi les huit ou neuf contaminés, recouvert de croûtes derrière les oreilles. On nous mit à part, *en quarantaine.* Nous perdîmes nos camarades. Finis les grands jeux, terminées les grandes sorties. Nous nous regardions avec suspicion, nous accusant mutuellement d'avoir transmis le mal aux autres. Ce n'est pas très drôle à cet âge de passer pour un pestiféré..., surtout lorsqu'on l'est réellement ! Mais je pris cet exil du bon côté. « Les événements sont nos maîtres. »

Un jour, nous étions en visite chez des cousins. J'avais treize ans. Je jouais à je ne sais quel jeu de l'Oie avec une cousine, de trois ans ma cadette.

Elle me posa la question :
— Tu crois, toi, que les enfants naissent dans les choux ?
— Mais non, ils viennent du ventre de leur mère.
— Comment tu le sais ?
— Je l'ai vu dans le dictionnaire !

En effet, mon camarade Charles avait déniché dans la bibliothèque de son père un énorme livre d'obstétrique, illustré de nombreuses planches détaillées sur les différentes étapes de la gestation de l'embryon humain. Toutefois, je n'évoquai pas le rôle du père, n'en connaissant rien.

Une semaine plus tard, le drame éclatait. Je comparus devant un *tribunal* d'adultes : oncle, tante, grand-père. Je sentais que mon cas serait sans rémission, sans circonstances atténuantes. Ces visages accablés, ces yeux noirs de colère, c'était réellement contre moi et contre mon *forfait.* En quittant le salon, mon grand-père pressait le pas ; sa voix s'enflait : « Animal malfaisant ! », « Sinistre individu ! » Je ne comprenais pas et n'ai toujours pas compris. J'avais trouvé si beau que les enfants puissent éclore dans ce nid maternel. Cela valait à mes yeux bien mieux que tous les choux du monde !

Nous sommes marqués à vie par les émotions de l'enfance. Un adolescent devrait pouvoir accueillir avec enthousiasme ce qui concerne sa condition corporelle. « Dieu n'a de dégoût pour rien de ce qu'Il a fait », dit l'auteur biblique Ben Sira. Les sexes, dans leur complémentarité, sont un magnifique message de Dieu. Naître comme nous naissons est extraordinairement grand et beau ! Platon a joué un mauvais tour au christianisme. Il a jeté le discrédit sur *la chair.* Certains *pères de l'Église* se sont engouffrés dans cette voie ! L'inconscient de mon époque est passé en moi. Sept ans plus tard, dans une lettre dc vingt pages, enhardi par deux ans de séparation et sept mille kilomètres de distance, je demandai à mon grand-père de m'expliquer son attitude... Dans sa réponse, il parla de tout sauf de ce sujet. Bien plus tard, je compris qu'il n'y attachait, finalement, pas tellement d'importance. Dans une lettre à sa fille relatant l'événement dans le mois qui suivait, il avait écrit :

« L'Histoire Naturelle a pour Stani des charmes extraordinaires. Tandis que j'émouvais Madame L. par mon laïus, il faisait un cours d'obstétrique à ses cousines. L'une d'elles est allée trouver sa grand'mère et lui a dit : "Vous croyez que les enfants viennent par le sexe ? Il paraît qu'ils sont fabriqués dans le ventre de leur mère !"... Et d'ajouter quelques détails sur le rôle du cordon ombilical et l'origine du nombril. On aurait appris à Madame L. que ses deux filles avaient été violées par une escouade de soudards qu'elle n'aurait pas eu un tel saisissement. J'ai expliqué qu'on apprenait aux enfants de cinquième les mystères de la fécondation de toutes sortes d'insectes. Stani fait des compositions de huit pages sur n'importe quel scarabée... »

Quoi ? Une telle sérénité pour évoquer la plus grande humiliation de mon enfance ! Si j'avais pu avoir connaissance de cette lettre plus tôt, si j'avais pu parler de cette histoire à quelqu'un, je me serais épargné bien des cauchemars !

Cette année de mes treize ans, je fus réveillé la nuit, croyant que je venais d'accoucher. Une masse étrange pesait sur mon ventre. Pris de panique, soulevant les draps, je vis six petits chats aux yeux fermés qui couinaient comme des enfants nouveau-nés. Leur mère les avait mis au monde bien au chaud à la jointure de mes cuisses. Satisfaite, elle était partie se dégourdir les pattes !

Mon grand-père était puritain. Je me mis à adopter à mon tour cette pente de l'esprit humilié par sa condition charnelle. Je dépouillais systématiquement mes amies de leur *différence féminine.*

À mes yeux elles n'avaient pas de corps, ou le moins possible. Leurs allusions chuchotées concernant leurs *règles* donnaient à ce mot une résonance d'interdit. Malheur à moi si ma pensée vagabondait vers l'obscure origine de la vie ! Un *surmoi* intériorisé fonctionnait comme une épée de feu. Comment peut-on laisser des adolescents en pleine crise de puberté demeurer tellement ignorants du sens de leurs pulsions ? Des émotions fulgurantes les traversent sans qu'ils sachent ni d'où elles viennent, ni où elles vont, ni ce qu'elles signifient. Je fouillais en cachette la bibliothèque des grandes personnes. Cette curiosité, ressentie comme coupable, faisait de ce meuble l'armoire de Barbe-Bleue.

Un jour je m'enhardis à poser quelques questions à un aumônier. Il fut si gêné, et les silences étaient si pesants que j'en suis resté là ! J'appris plus tard à quel point le mépris du corps, attribué à tort ou à raison à la religion, engendra contre elle un ressentiment durable chez mes contemporains ! On assistait là à un phénomène étrange. Ceux qui ne croyaient pas au Créateur s'enchantaient de la beauté de la Création. Ceux qui prétendaient croire en Lui avaient honte de ce qu'il avait fait.

> *La fréquentation des traditions orales nous apprend que plus une société se civilise, plus Dieu Se fait abstrait. Plus Il S'éloigne de la terre et du corps de Ses enfants, plus les jeux de l'amour s'encombrent d'interdits, de juges pointilleux... Et quand le désir ainsi contraint s'insurge, réclame ses droits et se défait de ses empêtrements, il reste seul avec lui-même, plaisir amputé du bonheur, terre sans ciel, âme sans foi. Dieu S'est enfui du*

ventre et n'y peut revenir... On peut à bon droit penser que les lointains vivants considéraient l'acte amoureux comme une forme de prière... (Gougaud, *Livre des amours,* Seuil)

Je souhaite ne jamais en vouloir à personne. Même si quelqu'un me causait le pire des torts, je veux penser qu'il serait, alors, lui-même sa première victime. La violence verbale contre les propos que j'ai tenus devant ma cousine a orienté mon esprit vers une résistance, une étude, une réflexion. « Fais tomber tous les jougs », crie le Dieu d'Isaïe (Is 58). Parmi les aliénations, les pires ne sont-elles pas les *idées qui tuent* ? N'est-ce pas cela la base même de l'enseignement : faire tomber nos œillères ? Une des passions de mon existence doit beaucoup à ces idées *tordues* qui blessent l'enfance pour toujours. Il n'y a pas de coupables. Une mentalité diffuse, acceptée par paresse, répand ses miasmes. C'est cela sans doute que l'on nomme une hérésie ! Il arrive qu'on en meure.

En réaction contre les orgies effrayantes de l'Empire romain, on peut comprendre le mépris des réalités charnelles de la part de quelques penseurs chrétiens comme saint Augustin ou saint Jérôme. Leurs paroles sont à lire dans ce contexte culturel particulier. Mais elles ont pesé lourd dans le regard porté par l'Occident chrétien sur le désir charnel. Qu'avons-nous fait de la Bible : « Si un homme prend femme, il n'ira pas à l'armée. On ne viendra pas l'importuner. Il restera un an chez lui pour la joie de sa femme qu'il a prise » (Dt 24, 5) ; « Trouve la joie dans la femme de ta jeunesse, biche aimable, gracieuse gazelle ! Qu'elle s'entretienne avec toi. En tout temps que ses seins t'enivrent. Sois toujours épris de son amour ! » (Pr 5, 18) ? Et que dire des pages superbes du Cantique des Cantiques ?

Les conséquences de la séparation d'avec Dieu sont bien résumées dans le mythe de la faille originelle. L'être humain éprouve une rupture d'avec son corps : « Ils virent qu'ils étaient nus, et ils en eurent honte ! » Si le *salut* consiste à renouer avec la sève divine, apparemment, depuis deux mille ans, le courant n'est guère passé. Une hérésie entraînant presque toujours une hérésie inverse, le puritanisme a engendré le laxisme que l'on sait !

L'affection de mes parents et grands-parents était ma source. Leur estime était mon pain. Cette affection et cette estime me semblaient conditionnées par mes qualités, suspendues à mes efforts. Aimé, j'avais des ailes. Non aimé, je fanais sur place. Voilà le premier et le plus grand rendez-vous que Dieu me proposait. Je ne voyais pas Dieu. J'aurais pu deviner les effets de Son passage. La trace de Dieu la plus flagrante fut la tendresse de quelques personnes qui ont su, par leur regard, me dire : « Tu es précieux à mes yeux. Moi, je t'aime. » J'apprenais chaque jour que je devais aux autres la source de mes joies et de mes peines. Par leur sourire ou leur froideur, ils m'ouvraient ou me fermaient la beauté du monde. Dieu n'est qu'Amour ; tout amour, si terrestre, si pauvre et si balbutiant soit-il, est un reflet de l'amour divin.

Pendant la guerre, à Clermont-Ferrand, les restrictions, les tickets de rationnement, les files d'attente pour la nourriture furent un souci quotidien. Mais quoi ! L'enfant qui fait la queue une heure pour rapporter un litre de lait est tellement heureux d'avoir été utile ! De toute façon, faire les courses, c'est bien plus amusant que le latin et les maths ! Il y eut aussi les bombardements. Nous comptions les explosions ! Puisqu'on entendait, on était vivant. Que signifie être *mort,* lorsqu'on a douze ans ?

Quand j'habitais chez mon grand-père, j'allais souvent rendre visite à un couple de paysans très proche. Paul était un homme étonnant, d'un dévouement, d'une simplicité, d'une discrétion incroyables. Il travaillait dans une usine d'engrais. Après avoir déplacé toute la journée des sacs puants, il gardait encore le sourire. Il m'apprit à traire les vaches. J'aimais caler ma tête et mes épaules contre ces ventres énormes qui dégageaient une si bonne odeur. Nous nous amusions à lancer des jets de lait sur un petit chat blanc et roux qui se léchait les babines. Malgré mes supplications, Paul refusait de m'apprendre à faucher avant mes seize ans. J'allais bientôt me rattraper. En attendant, je pouvais toujours scier le bois de chauffage, nourrir les lapins et les poules, travailler au jardin potager.

Je *blaguais* avec Mayie, son épouse, et Joséphine, leur fille un peu plus jeune que moi. Je trouvais auprès d'eux une famille de cœur. Au temps du dépouillage du maïs, la large tribu de leurs familles respectives remplissait le grenier. Nous chantions ces beaux chants basques si profonds et si joyeux, des chants à vous réveiller l'âme ! Au moment où l'on tuait le cochon en hiver, c'était encore une autre fête débordante de rencontres et de chansons ! J'aimais monter sur la charrette tirée par des bœufs magnifiques au dos recouvert d'une toile blanche rayée de bandes vertes et rouges. Garder les vaches avec Michel, un voisin de mon âge, était encore un autre régal. Parfois, nous allions, ma sœur et moi, vendre des pommes au marché. Cela nous faisait un peu d'argent de poche.

Sur le carnet relatant les situations et les rencontres dont ma vie d'alors était tissée, le style n'était pas mon souci et encore moins les états d'âme ! Je parlais de *rodéos* sur l'âne du voisin, de patin à glace sur la mare, de parties de pelote basque avec les copains. J'évoquais les lapins qui, parfois, s'échappent, les souris que je dressais, le cocker noir perdu et qui m'avait *adopté,* les poneys et les veaux qui naissent. Je racontais les feux de camp, les rires et les déboires de nos sorties de patrouille. Je gémissais à propos des versions latines et des problèmes d'algèbre. Je m'enthousiasmais sur quelques films : *Le Colonel Chabert, Délicieuse,* avec la séduisante Deana Durbin, et quelques livres : *Le Superbe Orénoque, Michel Strogoff, La Petite Fadette*... Je marquais avec des hiéroglyphes l'état des relations avec l'élue de mon cœur. (Cette intensité de vie que connaît tout enfant de treize ans, comment certains adultes qui ont pourtant vécu la même peuvent-ils l'oublier ensuite avec leur propre enfant ou leur élève ?)

Je racontais comment nous passions la « ligne de démarcation » qui séparait la zone libre et la zone occupée.

Je me vantais de voler des clous, de la peinture ou de l'essence aux soldats allemands qui occupaient la maison. Je me souviens de l'un d'eux, Boubi, qui avait seize ans. Il me répétait : « *Krieg, nicht gut !* » (« Guerre, pas bon »). Il me proposait un troc. Pour un œuf, j'aurais deux cents grammes taillés dans une grosse miche brune de pain de seigle dur. Toujours affamé, j'acceptais. Je prélevais précieusement un morceau chaque jour ; je le dégustais. Parfois, j'attendais trop ; il moisissait. Un jour, ma sœur et moi, nous avions voulu déloger le capitaine d'un de nos cerisiers. Madeleine lui frappait les bottes avec une badine en criant : « Partez d'ici ! Vous n'êtes pas chez vous ! » L'officier est descendu et lui a flanqué une paire de claques. Nous n'avons pas cherché davantage l'affrontement.

Mon grand-père écoutait en catimini la radio de Londres. J'étais intrigué par ces quatre coups de gong (dont j'ignorais la belle signification !). Les messages codés qui suivaient avaient quelque chose de surréaliste. Je n'avais pas intérêt à bouger un objet pendant ces moments-là ! Bon papa ne me faisait guère de confidences sur ce qu'il entendait, et je le regrette. J'ai passé ces années dans une relative ignorance des souffrances de mon pays. On sous-estimait les capacités de comprendre d'un enfant. J'aurais volontiers filé vers le maquis si quelqu'un m'en avait soufflé l'idée, mais à treize ans, on me demandait de traduire Goethe et Schiller. On ne m'invitait pas à faire dérailler des trains. Un jour, j'en arrivai à une réelle bagarre avec un camarade de classe, Philippe, qui avait tenu des discours pro-nazis. Nous étions de force égale et nous sommes sortis du combat le visage en sang. Je me fis gronder sérieusement, alors que le meilleur de moi-même était en train de naître !

4

ENTRE RÊVES ET RÉALITÉ

« La parole humaine est un chaudron fêlé sur lequel on bat des mélodies à faire danser les ours, quand on voudrait attendrir les étoiles. »

FLAUBERT

Comment rendre compte de ce qui fut la source de mes plus fortes émotions, de mes plus superbes enchantements ? Il me suffit de fermer les yeux pour revoir les moindres expressions de chacun des visages qui ont ébloui mon enfance. Ma mère, ma sœur, ma grand'mère, une de mes tantes, des femmes qui aidaient ma mère aux soins de la maison, une cheftaine, mes amies...

À onze ans, je raccompagnais une compagne de classe, Janine, chaque jour jusqu'à sa demeure, à deux kilomètres de l'école. Ensuite, il m'en fallait faire quatre pour rentrer chez moi. Sur ce chemin de retour, je repassais dans mon cœur les expressions de son visage et les modulations de sa voix. Sa maison possédait un charme particulier. Sa mère, jeune veuve, y faisait régner un climat de paix et de beauté. Dans cette villa qui dominait la rade de Saint-Jean-de-Luz, j'ai reçu une empreinte d'affection qui deviendra en moi le plus vif de ma nostalgie. Un jour, j'avais perdu une lettre que mon grand-père m'avait confiée pour la poster.

Pris de panique, ne pouvant pas rentrer à la maison pour annoncer un tel forfait, j'avais cherché refuge auprès de la mère de mon amie. Elle atténuerait le choc, pensais-je, et en effet, sa douceur fit merveille. Je me souviens de la chambre rose de Janine. Le lit était toujours bien fait. Sur son bureau trônaient un koala en peluche et une éphéméride décorée d'un petit lapin. Dans l'entrée de la villa se trouvait une grande bassine remplie de pétales de roses.

J'écrivais pour mon amie des poèmes. Je les cachais là où le hasard les lui ferait peut-être trouver. Je ne saurai jamais si elle en a déniché un seul. Parfois, assis dans la prairie sous le regard complice de sa mère, nous jouions à effeuiller des marguerites. Je trichais pour arracher le dernier pétale sur les mots *je t'aime,* mots magiques, plus forts que *passionnément* ou *à la folie.* Mon grand-père répétait qu'on ne devait pas toucher une femme, fût-ce avec un pétale de rose. Ce principe cadrait bien avec la conception que je me faisais de la jeune fille : princesse lointaine, dame d'un chevalier, déesse inaccessible, mystère sacré. Janine pourtant cassait l'idole. Elle jouait souvent la comédie et parlait comme un bébé, ou bien elle voulait à tout prix m'enlever ma chemise !

Ce visage tant aimé de cette amie d'enfance, je devais le retrouver tout au long de mon existence sur des images d'une *Sainte Vierge* nommée Notre Dame de la Tendresse, photos d'une statue de Real del Sarte. En effet, le célèbre sculpteur avait pris mon amie pour modèle. (Que ce soit dans le Pacifique, en Afrique ou aux Antilles, je retrouve partout depuis cinquante ans le visage du rêve de mes douze ans dans toutes les maisons religicuses du monde. À cette époque, je disais chaque soir : « Marie, faites que mon amie et moi, nous nous épousions ! »)

L'année suivante, en quatrième, nous n'étions que deux dans ma classe : une jeune fille de treize ans et moi, du même âge. J'aurais vraiment fait n'importe quoi pour lui être agréable. Sa mère avait-elle besoin de fourrage pour ses lapins ? J'en apportais tous les jours. Mon amie avait-elle envie que je l'accompagne chez elle ? Je l'accompagnais. Elle était si belle, dans mon cœur. Ses cheveux noisette encadraient un visage très doux aux grands yeux myosotis. Son rire, comme celui du « Petit Prince » de Saint-Exupéry, transfigurait ma planète. Chaque jour j'avais le privilège d'entendre ce rire. Je ne m'en lassais pas.

Enjôleuse, comédienne, gamine, Jacqueline régnait sur mon cœur. J'aurais voulu tout connaître d'elle : de ses pensées, de son père qui était mort, de Madagascar et du Cambodge où elle avait vécu son enfance. Elle parlait avec passion des êtres qu'elle aimait... J'étais ensorcelé. Le professeur, une femme de trente ans au visage triste et sensible, me ramenait à la réalité :
— À quoi pensez-vous, Stani ?
— Devinez, mademoiselle !

Tous les jours, en classe, je voyais Jacqueline. Cela ne me suffisait pas. Comme elle prenait des leçons particulières de maths, je voulus en prendre aussi. Parfois, je me postais dans une ruelle en face de la fenêtre de sa chambre. Si j'avais droit à une apparition, un simple passage de sa silhouette derrière les rideaux, c'était bon signe. Nous nous retrouvions avec sa sœur et ses amies, le dimanche. Dans cet univers féminin, j'étais le seul garçon.

Nous jouions à un jeu intitulé *Vérité et Conséquences*. Pour n'avoir pas répondu à la question : « Es-tu amoureux de Jacqueline ? », j'avais reçu pour pénitence d'aller l'embrasser ! Mieux que toute réponse, mon émotion était un aveu.

Un jour, pour la fête de l'école, nous avions présenté une petite saynète, « Le Misanthrope et l'Auvergnat ». Pour la photo, elle avait posé sa main sur ma tête. Le contact de cette main, à travers le feutre du vieux chapeau que je portais, m'avait électrisé. Une autre fois, en promenade, à l'écart de la petite bande que nous formions, elle avait mis sa main dans la mienne pour que nous puissions courir ensemble et rejoindre les autres. J'étais heureux et triste. M'aimerait-elle encore demain ? Pourquoi le temps ne s'arrêtait-il pas ?

Mon rêve se fêla à la fin de cette année paradisiaque. Caché en haut d'un arbre, j'observais les gestes tendres de Jacqueline pour un garçon. J'y repensais sans cesse, mais je me disais : « Lui, il n'a accès qu'à son corps. Elle me donne tellement plus ! » En effet, notre amitié n'a jamais cessé depuis plus d'un demi-siècle, tandis que ce garçon a oublié jusqu'à son existence. J'allais sublimer mon merveilleux chagrin en jouant de l'harmonica, seul dans la nuit, au bout de la jetée, à l'entrée du port de Saint-Jean-de-Luz. En posant mes lèvres sur cet instrument qu'elle m'avait offert, c'était un peu sur sa joue que je les posais. Un soir, j'avais beaucoup pleuré. Il faisait nuit sur la plage. Les vagues claquaient avec la régularité des battements de cœur. Je demeurai assis longtemps sur le sable, fasciné par l'intensité de ce que je vivais et la connivence qui s'instaurait entre cet amour et l'obstination de la mer. Je revins le lendemain pour rechercher mon mouchoir oublié. Des bestioles, en dévorant le tissu (préférant peut-être les larmes), en avaient fait de la dentelle !

Sans doute serai-je plus proche du réel en ajoutant une page de mon journal, rédigée à peine trois ans plus tard, à l'âge de seize ans :

> « Avant de l'avoir jamais vue, je l'attendais. Je savais que j'allais avoir une compagne de classe. J'avais envie que l'on me parle d'elle. Le jour de la rentrée, j'étais arrivé plus tôt. Je faisais le guet, assis sur le perron. Un béret noir s'avança derrière les lauriers taillés. Lorsque la clochette du portail tinta, mon cœur a battu plus fort. Très vite, nous sommes devenus amis. Nos sensibilités étaient à l'unisson. J'étais aux anges.
>
> Terrible sensation de manque lorsqu'elle était absente. J'ai su que j'étais amoureux le jour où je lui rendis visite à la clinique lors de son opération de l'appendicite. J'allai la voir en tremblant d'émotion. J'avais apporté des histoires à lui lire. Elle avait une petite jaquette de laine couleur amande et des nattes blondes émergeant sur les draps blancs. « Vous avez l'air d'une princesse de conte de fées », lui dis-je avec un visage extasié. Sa mère était là et me dit : « Vous m'amusez. » Mal ficelé comme je l'étais, je prenais ces mots pour de l'ironie. »

Dans cet amour d'enfant, un message me parvenait. *« Dieu était là... »* : ce n'était pas dans les périmètres où on L'avait assigné à résidence que je retrouvais le mieux Sa trace. Je ne découvrais pas Dieu dans les cours de religion mais dans le tendre et dangereux visage de l'amour, école buissonnière de la foi. Deviner l'autre, tenter de le comprendre, courir au-devant de ses désirs, n'était-ce pas là le plus beau des royaumes ?

La clef du réel était à déchiffrer. « Dieu était là et je ne le savais pas. » Cette jeune fille de treize ans détenait un message pour moi de Sa part : l'amour seul est le tissu de la vie. L'amour seul rend leur réalité aux êtres. Même s'il n'est pas reçu, il aimante le monde. Le souffle saint de Dieu, c'est l'Amour, « Nul ne sait ni d'où Il vient ni où Il va ». Il vous entraîne plus loin que l'univers visible dans l'épaisseur secrète des choses. Il n'y a que Cela qui ne soit pas provisoire.

L'année de mes quatorze ans, je jouais avec mon frère Yves sur la plage de Saint-Jean-de-Luz. Nous avions empli des sacs entiers de grenades offensives laissées dans des blockhaus par une division allemande en déroute. Nous lancions les grenades dans la mer pour le plaisir d'entendre la détonation en mettant la tête sous l'eau. Ensuite, nous regardions les poissons flotter le ventre à l'air. Nous prétendions les avoir pêchés. Les blockhaus d'Erromardie, de Sainte-Barbe et de Socoa étaient pour nous de véritables cavernes d'Ali Baba. Nous tirions hors de leurs douilles des obus de marine et prenions la poudre pour alimenter des volcans extraordinaires. Nous ouvrions des caisses de bois, et voilà que des milliers de balles de fusil nous appartenaient. Un enfant est curieux de tout, il veut connaître le fonctionnement des choses. J'étais intrigué par les petits tubes qui constituaient les percuteurs des grenades. Un jour, je voulus voir ce qu'ils contenaient. Je secouai un tube. Rien n'en sortit. Je le posai sur une pierre et le frappai avec un galet. Une détonation formidable me fit sursauter. Je me tournai vers mon frère en criant : « Qu'est-ce que tu fais ? » Il me regardait, effaré. Trois doigts de ma main gauche étaient en bouillie. Le sang coulait abondamment. La peau de l'index pendait autour d'un os, comme la peau d'une banane que l'on commence à éplucher. Ma main et mon visage étaient criblés d'éclats de métal. Un chirurgien fit merveille.

Cet événement fut pour moi symbolique. Les joies de ce monde ont un envers. On croit qu'il s'agit d'un trésor et dans une déflagration votre vie peut se volatiliser. En réalité, il y a des accidents mineurs qui nous protègent des accidents majeurs. Si celui-là ne s'était pas produit, nous étions partis pour un vrai désastre. J'aurais pu au minimum avoir un bras arraché et devenir aveugle ! Nous possédions un arsenal capable de réduire en cendres un pâté de maisons. Les anges gardiens des têtes de linotte font des heures supplémentaires !

Désormais la vie ne cesserait plus d'égrener ses mystères joyeux et ses mystères douloureux, comme dans cette chanson de Mouloudji qui faisait partie de mon répertoire :

La vie est une douche écossaise,
et ça dit bien ce que ça veut dire.
Sitôt qu'une chose vous fait plaisir,
faut qu'y en ait une qui vous déplaise.
Malgré que ce soit à mon avis
comme une espèce de complot,
on ne peut pas passer sa vie
à s'foutre à l'eau...

Les propos de quelques adultes perfectionnistes avaient de quoi me plonger dans le désespoir. « Vous n'êtes qu'un paresseux ! » « Tu n'es qu'un menteur ! » « Avec ta tête à gifles, je ne sais pas ce qui me retient... » Et parfois, rien ne le retenait ! La gifle n'ajoutait pas grand-chose. L'humiliation était dans le regard. Je ne me sentais pas réellement responsable ou coupable de n'avoir pas retenu une leçon d'allemand ou de sécher sur un problème d'algèbre. Devant l'indignation dont j'étais l'objet, je ne réagissais pas avec une violence tournée vers l'extérieur, mais vers l'intérieur. J'encaissais sans réagir. Je me disais : « Tu as tiré le mauvais numéro à la loterie. On te dit que tu es un crétin, c'est certainement vrai ! Il faudra t'y faire ! » Je m'en voulais de mériter si peu l'estime des grandes personnes.

C'est moi, aujourd'hui, qui souhaiterais secouer ce gamin que j'étais. Pour avancer, un enfant doit se munir d'une aptitude capitale : profiter de tout, et surtout des obstacles. Les truites sont vivantes lorsqu'elles se mesurent à des torrents qu'elles doivent escalader. Il faut apprendre à devenir un battant sous peine d'être un jour un battu, se construire une âme de pionnier sous peine d'être bientôt encombré d'une âme de rentier. Et les mots acides lancés dans un moment d'humeur devraient être traduits pour ce qu'ils sont le plus souvent : des déclarations d'amour.

À l'âge de treize ans, pendant les vacances, j'avais très légèrement entamé un gâteau dans l'armoire. Je niai mon forfait, accusant les souris. Mes frères et ma sœur affirmaient, à juste titre, leur innocence. Mon père, tel un vrai détective, fit une enquête plus poussée. Comme cela n'aboutissait à aucun résultat, mes parents inventèrent un stratagème. Chacun irait à tour de rôle dans la pièce où nous attendrait notre mère. Celui qui avouerait serait assuré du secret et de l'impunité. J'avouai dans un torrent de larmes. La promesse fut tenue. L'incident était clos !

De deux enfants élevés de la même manière, recevant de leurs parents la même alternance de bonté et de sévérité, pourquoi l'un sera-t-il amer, ne se souvenant que des instants de malheur, et l'autre confiant, ne gardant que les souvenirs heureux ? Notre façon de réagir devant le réel n'est-elle pas déjà une manifestation de notre personnalité ? Nous nous inventons nous-mêmes. Les événements qui nous arrivent nous ressemblent. C'est nous qui en façonnons le sens.

Comment aider l'enfant à reconnaître les balbutiements de l'amour, à les découvrir, à les apprécier partout où ils se cachent ? Qui d'entre nous ne désirerait recommencer son enfance en sachant cette fois que ces années-là seront ses racines pour toujours ? Combien d'adultes ai-je entendus hurler de désespoir : « Ma vie est foutue. C'est fini ! Seule la mort peut me délivrer. » Leurs confidences laissaient toujours apparaître un enfant mal aimé, encore à vif. Personne ne peut effacer le passé, mais ne pouvons-nous pas essayer de le relire autrement ? Ne pouvons-nous pas rectifier ce qui, dans notre lecture du réel, a été faussé ? C'est notre tête qui a mal interprété ; c'est elle qui devait apprendre à faire *feu de tout bois.*

Au sujet de la sévérité présumée de mon père, j'ai cru, parfois, que je m'étais *fait des idées.* N'avais-je pas un peu exagéré ? C'est lui-même qui, un jour, lorsque j'avais dépassé la trentaine, m'a dit : « Je m'en veux d'avoir été aussi dur avec toi lorsque tu était petit ! »

La peur d'être trouvé déficient occupait en moi,

par ma faute, une place excessive. Mon père cachait sa fragilité sous une alternance de rigorisme et de farce. Je ne possédais les clefs ni de cette sévérité ni de cet humour. Il était déçu d'avoir un fils *mollasson*. Il plaçait la barre très haut. L'expression est exacte au propre comme au figuré, car il nous faisait sauter par-dessus sa canne et je me cassais régulièrement la figure sur l'obstacle, placé juste un peu trop haut. Lorsque, après avoir sévi, il ajoutait : « C'est pour ton bien », est-ce que je le croyais ? Il faudrait offrir à tous les enfants, dans leur berceau, un traité intitulé : « Du bon usage de vos parents ». Le code, c'est l'amour. Si l'enfant sait lire l'amour dans la conduite même très sévère de son père, alors ses chances d'équilibre et de bonheur sont multipliées par dix.

L'enfant ne *réalise* pas le sens de ce qu'on lui dit ou de ce qu'on lui fait ; seule compte la qualité du regard de celui ou de celle qui est là. L'enfant enregistre tout avec une sensibilité extrême. Hélas ! Cette *imprimante* est subjective. L'enfant sélectionne. En fonction de quoi ? Tel peut être comblé d'affection et accueillir cet amour sans gratitude ; tel autre peut n'en recevoir que des bribes et savoir s'en extasier. Je me soupçonne d'avoir parfois manqué de cœur en ne sachant pas reconnaître les *je t'aime* qui se cachaient sous les reproches. Je réagissais mal, à cinq ou six ans, à ce qui n'était peut-être que taquinerie. Lorsque mon père, par plaisanterie, enlevait subrepticement l'assiette de mon dessert et que tel de mes frères éclatait de rire devant ma drôle de grimace, pourquoi étais-je tellement vexé ? J'aurais pu aussi bien participer à la rigolade ! Au lieu d'accueillir le réel comme une expression de la vie, pourquoi l'interpréter si négativement ? Premières manifestations de l'*ego* vaniteux et susceptible ! Il faudra payer très cher ensuite cette erreur de traduction. J'étais un milliardaire qui se prenait pour un clochard.

Qui commence à nous aimer sinon nos parents ? Mais l'enfant peut encourager ou décourager l'amour qu'on lui porte. Voilà peut-être le choix le plus décisif de l'enfance. En sommes-nous réellement les auteurs ? De là naissent les handicaps ou les chances que nous emportons dans notre besace. « L'amour est à l'homme ce que soleil et pluie sont aux plantes », dit en substance Jésus-Christ. Mais il n'est pas interdit à l'héliotrope de se tourner vers le soleil ni à l'arbre de plonger plus profondément ses racines dans le sol après la pluie.

Comme je voudrais parler, les yeux dans les yeux, au gamin que j'étais pour tenter de lui inculquer une vérité première : Qu'importe si l'opinion de quelques éducateurs semble vouloir te convaincre de ta nullité. Pardonne-leur de ne pas t'aimer ! Ils n'y peuvent rien. Rends grâce pour ces obstacles qui peuvent te faire réagir, te jeter un défi ! Dieu t'aime pour t'aider à vivre et Satan te convoite pour te faire mourir. Ces deux invitations viendront à toi par personnes interposées. Devant ceux qui te diront : « Tu comptes beaucoup pour moi » (ils seront rares), jubile, exulte, déborde de gratitude, danse d'allégresse. D'autres te traiteront de : « Triple crétin... », ou bien ils te manifesteront de mille manières leur indifférence. Ne les écoute pas. Ils se défoulent sur toi comme la foudre sur un paratonnerre. Ils te lancent à leur façon un appel. Les petits chiens aboient sans cesse pour masquer leur fragilité. Le grand piège est d'avoir honte de soi-même pour rien d'autre que d'être né limité, faillible, autant dire pour rien d'autre que d'être homme.

Sache que Dieu t'aime à la folie ! Tu es immensément précieux. Dieu est amoureux de toi, amoureux fou. Il guette le moindre signe d'affection de ta part.

Pour se construire, un être humain a besoin d'amour plus que de toute autre chose. Si cet amour est trop faiblement distribué, il faut que l'enfant apprenne à le reconnaître là où il se cache ! Rien n'est plus dommageable que de se donner une personnalité factice pour acheter un ersatz d'amour, pour attirer l'attention.

Pendant mon enfance, toute stratégie était bonne pour éviter les châtiments trop humiliants. La peur d'être *pris en défaut* me paralysait. Devant les reproches, je perdais pied. Dans une matière difficile que l'on prétendait m'enseigner, dès que les décibels dépassaient un certain seuil, je rentrais dans mon terrier. Je me roulais en boule comme un hérisson. Les gifles m'ont rendu sourd aux mathématiques et à la grammaire allemande.

Je crois avoir passé mon enfance et ma jeunesse dans un environnement où la discipline était omniprésente. Était-ce l'état de la société de cette époque-là, était-ce l'atmosphère particulière à un milieu social ? Je ne sais ! Du matin jusqu'au soir, des injonctions étaient formulées pour réguler le comportement : « Cesse de parler la bouche pleine !... Redresse ton dos !... Mets la main devant ta bouche quand tu bâilles !... Remets ta chemise dans ta culotte ! »... À l'école, c'était encore plus stressant. Je vivais sous tension avec la peur au ventre, la peur de répondre à côté de la question, la peur des fautes dans la dictée, la peur d'un devoir de maths bâclé, la peur des réactions que nos attitudes les plus spontanées ne manqueraient pas de déclencher. Les reproches me donnaient presque toujours le sentiment d'un retrait d'estime et d'affection. Lorsque j'habitais avec mon grand-père, il n'avait que moi comme vis-à-vis, lui qui avait commandé à des régiments. Il était perfectionniste et je le vénérais. Si l'adulte savait comme un enfant peut être malheureux de le décevoir !

Objet d'une telle attention, j'aurais dû faire des progrès rapides. Ce n'était jamais suffisant. Je me sentais presque toujours en deçà de ce qui m'était demandé. Sur ce même terreau, certains sont devenus anarchistes : « *Ni Dieu, ni maître* ». J'ai traversé des périodes de révolte, des tentations de violence. Mais une voix intérieure non identifiée me murmurait : « Essaie de comprendre. » J'évitais de me dresser contre des personnes. C'est au cri, à la parole dure, au mouvement culpabilisant que je m'en suis pris, jusqu'à l'allergie. Je n'allais tout de même pas répondre à la colère par la colère ! Les auteurs de cette sévérité n'étaient pas en cause. Ils ne nous voulaient que du bien. Ils se laissaient emporter par une émotion trop forte, c'est tout ! J'admire ceux qui prennent les reproches pour ce qu'ils sont : un simple mouvement d'impatience. Personne n'est plus digne de compassion que ceux qui tardent à aimer ! C'est un grand regret pour moi d'avoir pris pour argent comptant les *caprices* des adultes, leurs exigences mal formulées. J'aurais dû apprendre à fondre mes émotions dans l'humour. Là encore il m'aurait fallu un mode d'emploi.

Lorsqu'un adulte était trop sévère, j'interprétais : « Je suis vraiment nul. » J'aurais pu regarder lucidement la situation et me dire : « Oui, je suis distrait ! Oui, je suis paresseux ! Oui, je suis lent... Si ce sont là des tares, ceux qui me les font remarquer m'invitent à leur manière à aller consulter un thérapeute ! » Cinq ou six visites à un psychologue m'auraient sans doute éclairé sur des failles qui allaient créer des turbulences tout au long de ma vie. Lorsque je vois aujourd'hui des parents lésiner sur les frais d'une telle démarche, je les crois peu éclairés. Nos carences psychiques entraînent bien plus de douleurs que nos caries dentaires. Serait-ce vraiment difficile d'offrir à l'adolescent quelques repères dans la construction de son identité ? Il aura tendance à se croire entièrement bon ou entièrement mauvais, ce qui est faux dans les deux cas. Chacun porte en lui des potentialités inouïes. Chacun est doté d'énergies qui pourront être mises au service du pire comme du meilleur. Il devra apprendre à trouver un compromis entre ses besoins et ceux de la communauté à laquelle il appartient.

Il devra démasquer les stratégies inconscientes qu'il a développées dès les premières semaines de sa vie pour être moins frustré et moins souffrir... comme si la frustration et la souffrance étaient les pires menaces pour sa survie. Je ne suis pas loin de penser que nous avons tous un « petit grain ». Peut-être faut-il reconnaître que c'est parfois autour d'un *petit grain* que se forment les perles ! L'erreur consistait à nous juger *coupables* de notre immaturité ou de notre différence. Notre époque n'avait peut-être pas tort d'être perfectionniste, mais on avait tendance à placer la perfection dans des valeurs superficielles. Nous n'étions pas jugés à la toise de la générosité, de l'accueil, de la tolérance, de l'esprit de service. Non, la valeur d'un homme reposait sur son livret scolaire. « Vous filtrez le moustique et vous avalez le chameau », disait Jésus aux moralistes qui faisaient passer les rites et la bienséance avant la justice, la compassion et l'authenticité. « Faire des remarques », « faire des observations » est nécessaire au progrès d'un enfant, mais l'excès peut tout détruire. Il crée une obsession. Il développe l'angoisse et la peur qui ne sont pas de bonnes conseillères.

Une erreur de traduction très répandue fut néfaste. « *Qui bene amat, bene castigat* » ne signifie pas : « Qui aime beaucoup châtie beaucoup », mais « Qui aime avec justesse châtie avec justesse ». Ceux qui ne laissent pas aux enfants du temps pour s'améliorer leur causent un préjudice. « L'amour est patient », dit saint Paul. Celui qui te veut, dès aujourd'hui, déjà grand t'empêche de grandir.

Comme il serait urgent de mettre au programme scolaire des cours de bonheur ! Un ancien, qui aurait puisé dans toutes les cultures l'art délicat d'aborder les êtres et les événements sous leur meilleur jour, transmettrait sa sagesse. La Bible ne serait pas la moindre de ses sources :

> *Ne te laisse pas aller à la tristesse,*
> *ne t'abandonne pas aux idées noires.*
> *La joie du cœur, voilà ce qui fait vivre un homme.*
> *La gaieté, voilà qui prolonge ses jours* (Ben Sira 30,21-22).

Très tôt, il faut enseigner à l'enfant l'art de *faire contre mauvaise fortune bon cœur,* de s'accommoder de chaque situation. Sinon viendra le jour où rien ne sera assez bon pour lui. La nuit sera toujours trop noire, le soleil trop chaud, la pluie trop mouillée...

Rien ne me semble plus précieux que de développer au cours de l'enfance l'aptitude au contentement. Il est vital pour soi-même et pour son entourage de cultiver l'art de s'enchanter de ce qu'on a, au lieu de geindre sur ce que l'on n'a pas. La vie pourrait être tellement belle si on savait prendre chaque situation avec l'esprit le plus généreux. Le grincheux rend la vie impossible à ceux qui ont l'imprudence de le fréquenter. Le ratage d'un grand nombre de couples trouve là peut-être son origine. Le grincheux (la grincheuse) vous accusera quotidiennement de lui avoir retiré une satisfaction à laquelle il (elle) estime avoir droit.

On nous enseignait que nous étions dans une *vallée de larmes,* que nous étions sur terre pour un temps d'épreuve. C'est peut-être vrai, c'est certainement vrai, mais ce *chapitre* doit être enseigné après celui de la joie ! Pendant la guerre, on nous *culpabilisait* de nos joies : « Vous êtes des inconscients ! »

La Parole de Dieu et le témoignage des saints me montreront bientôt que Dieu vient aussi à la rencontre de Sa créature dans l'épreuve. « Ta blessure, c'est Ma place », semble-t-Il nous dire. Dans la souffrance de son amour humilié, le prophète Osée a découvert qu'il partageait le sort de Dieu Lui-même. Mais pour faire face à l'épreuve il faut avoir connu le bonheur. Je veux bien avoir part à la passion du Christ... mais que l'on me laisse d'abord goûter à Sa joie !

Dieu n'est jamais complice d'un événement malheureux. Au contraire, lorsque la douleur tombe sur nous, Il l'a précédée de toute Sa tendresse. Il libère notre liberté. Il souffle sur la braise de notre Espérance. Il donne sens au moindre obstacle et même à l'absurde. Satan, lui aussi, se dépêche d'intervenir, sachant le bénéfice qu'il peut tirer de nos humiliations. Cet esprit corrupteur se fait l'instigateur, au mieux, d'une révolte, au pire, d'un pessimisme chronique. Notre âme est tout au long de la vie un champ de bataille.

La souffrance fut-elle pour moi un rendez-vous avec Dieu ? Une erreur, presque une hérésie, largement répandue nous invitait à demeurer passifs et résignés. La souffrance était présentée comme la sanction du péché. Il fallait payer la note, sans broncher.

L'Évangile était déformé dans le sens du moralisme et de la condamnation. Les vierges folles allaient payer leur étourderie d'un séjour éternel en enfer, alors que cette parabole signifie : *rien n'est grave sinon perdre l'amour.*

« Celui qui scandalise un de ces petits mérite qu'une meule de meunier lui soit attachée au cou et qu'il soit jeté à la mer ! » On utilisait cette parole du Christ pour écraser à l'avance les conversations grossières que nous pourrions avoir ! Alors qu'elle s'adressait à des censeurs qui mettaient un obstacle entre nous et la Tendresse de Dieu. Joli tour de passe-passe !

Bientôt Thérèse de Lisieux, Charles de Foucauld, Teilhard de Chardin et quelques autres allaient nous faire passer, lentement mais sûrement, d'une pastorale de crainte à une pastorale de résurrection.

Les déclinaisons et les équations me semblaient n'avoir été inventées que pour torturer les adolescents. Les seules *matières* qui m'intéressaient étaient ce qui pouvait s'observer, se toucher, se décrire, se raconter, se mimer. Rien de ce que j'aimais n'était au programme. J'aimais dessiner, sculpter, me gaver du réel par tous mes sens, ces antennes sur le monde. J'aimais chanter, jouer de la guitare, raconter des histoires, faire du théâtre. Je n'étais pas adapté à une scolarité qui privilégiait le raisonnement. Dans mes études, les moments de ferveur étaient rares. Nourris d'un romantisme parfois malsain, où me conduisaient-ils ?

Pour dessiner une fourmi ou modeler un animal dans la glaise ou le bois, j'étais à l'aise. C'était du concret, du tangible, du palpable. Lorsque l'on me demandait de manier des concepts, des abstractions, j'étais perdu. L'écart entre ce que l'on attendait de moi et ce que je pouvais donner provoquait des éclats de voix tonitruants et des regards méprisants chez ceux dont la confiance m'était vitale. Je voyais bien, devant la perfection des bons élèves, que l'on m'aurait aimé *parfait.* Il fallait me faire pardonner la lenteur de mes réactions. La privation de nourriture et la perte d'affection étaient les deux cravaches de mon dressage. Comme je n'étais pas un animal, ce système avait des failles. Si je m'étais senti aimé, j'aurais trouvé la clef des problèmes d'algèbre. On me disait que j'étais un *abruti.* J'aurais pu avoir un sursaut, rassembler toutes mes énergies pour prouver que je n'en étais pas un. Ce jeûne d'affection, si je l'avais accueilli autrement, aurait pu me stimuler. Je m'adaptais stupidement à ce constat comme à une fatalité.

Je voulais être *pilote de ligne,* mais on me disait : « Il faut être très bon en maths. » Alors, je rêvais. Je regardais interminablement une photo représentant une mer de nuages et un petit avion qui en frôlait la surface. Je lisais des livres sur Mermoz et Guynemer. Je situais l'aéroport du Bourget dans les Alpes. Comme j'aimais la montagne, cela m'arrangeait. « Un jour, j'habiterai au bord d'un grand lac et je m'envolerai très haut. » En attendant, je cultivais mon rêve en dessinant des avions.

Heureusement, le scoutisme m'offrit un bel espace de vie, de créativité, d'expression personnelle. J'y prenais, en étroite solidarité avec d'autres, des responsabilités concrètes : faire bouillir la marmite sous la pluie, confectionner un abri de branches pour la nuit, déchiffrer des cartes d'état-major, tirer une carriole dans la boue...

De la vie de petit « louveteau » je ne garde que des souvenirs magiques. C'était une existence totalement à ma taille. Je revois aujourd'hui le visage de chacune de mes cheftaines, comme je les voyais autrefois. Je revois le gâteau aux cerises que l'une d'elles nous avait partagé, je revois la petite chapelle des Clarisses, où nous nous arrêtions pour un chant à la Vierge, après une journée de marche et de jeux. J'avais respiré l'air des volcans d'Auvergne, cueilli des brassées de fleurs pour les offrir à ma mère. Ah ! oui, le bonheur existait !

Au cours des sorties et des camps, le vent, la pluie, la neige, le soleil, les clairs de lune, l'odeur des pins, la complainte des grenouilles, les trilles des oiseaux, le feu et les chansons, la brume sur les lacs au petit matin, toutes ces splendeurs pénétraient mon âme, m'apportant la conviction que la vie représentait un superbe cadeau. J'avais une chance inouïe. J'étais invité à cette fête.

Qu'il pleuve, neige ou vente, un contact étroit avec la nature faisait de nous des hommes des bois, des trappeurs, aptes à nous débrouiller en toutes circonstances. Nous étions écologistes sans le savoir. Cette école de la vie s'accompagnait d'une formation du caractère. Nous apprenions à tout accueillir avec bonne humeur, à voir d'abord le versant ensoleillé des êtres et des événements.

On nous initiait à l'art d'être heureux. Baden-Powell, le père du scoutisme, suggérait que l'on *relève les coins* (que l'on sourie). Dans notre règle de vie trônait en bonne place : « Le scout sourit et chante dans les difficultés. » Jamais je ne serai assez reconnaissant pour ce pli que l'on nous invitait à prendre : tout regarder du bon côté, vivre dans l'action de grâces.

Baden-Powell avait eu une superbe intuition : permettre à des jeunes de se retrouver autour d'un idéal, leur donner l'occasion de développer leurs talents, prendre assez au sérieux le jeune pour le croire capable d'être fidèle à une charte exigeante et noble. Et agir en sorte que tout se passe avec le maximum d'initiatives de la part de chacun. Le scoutisme fut certainement pour beaucoup un creuset de générosité, d'enthousiasme, de ferveur de vivre. Il a existé peut-être des formes de scoutisme *cucul-la-praline.* Nous étions épargnés. Je déborde de gratitude envers les merveilleux pédagogues qui, bénévolement, nous consacraient leur temps libre. Que serais-je devenu si, né cinquante ans plus tard, j'avais eu l'occasion de rester six à sept heures par semaine, passif, devant un poste de télévision ou des jeux électroniques ?

Un jour, en balade avec des camarades, j'avais trouvé un revolver à barillet. Nous avions délogé les balles, sauf une complètement coincée. Nous étions convaincus qu'il était hors d'usage. Chacun de nous pressait sur la détente en mimant, qui le shérif, qui le gangster ou bien le mari trompé et désespéré posant le canon sur sa tempe, ou encore l'officier blasé jouant à la roulette russe. Au moment d'allumer du feu pour nous réchauffer, les allumettes étant mouillées, nos nombreuses tentatives furent vaines. Prenant le revolver à deux mains, jambes écartées comme dans un western, je poussai un cri autoritaire : « Écartez-vous, les gars, je vous l'allume. » J'appuyai sur la détente, en direction des brindilles disposées en faisceau. Une explosion formidable retentit dans le vallon. Papier journal et petit bois furent projetés alentour. Nous nous sommes regardés, médusés, blêmes, silencieux. Il est des moments dans la vie où l'on croit aux anges ! Notre chef de patrouille suggéra de planter une croix à cet endroit. Avec nos haches, c'était un jeu d'enfant. Ce merveilleux manifeste de foi juvénile ne fut pas vraiment apprécié par le propriétaire de l'arbre abattu ! Il fallut rembourser les dégâts !

J'eus la chance, pendant un an, d'avoir pour *chef de troupe* un étudiant en médecine de vingt-trois ans, d'une qualité humaine peu commune. Sa droiture et sa générosité étaient contagieuses. Je n'oublierai jamais ma première visite chez lui, tout tremblant, ayant peur d'être refusé pour entrer à *la troupe.* Il me mit à l'aise et me fit contempler sa collection de pierres.

Dans ce cadre du scoutisme, nous découvrions spontanément que rien ne s'obtient sans lutte, sans effort, sans travail et que vivre est un défi, un *challenge* magnifique. Jamais les hommes n'ont cessé de se mesurer aux obstacles pour acquérir le droit d'exister. Nous avons développé en plein air, et non entre les murs de l'école, un formidable potentiel de dynamisme, d'ingéniosité et de joie de vivre.

Lorsque je vois dans la presse une critique envers des hommes comme l'abbé Pierre exprimée par l'étiquette : « morale de boy-scout », je m'interroge. Que veut-on dénoncer ? Excès d'optimisme ? Refus de la violence ? Inspiration évangélique ? Je reste perplexe. Il y aurait certainement moins de violence dans les écoles et de voitures incendiées si l'on s'était moins moqué du scoutisme !

Ce que j'ai aimé dans le scoutisme, c'est son respect de la condition humaine. Il était centré sur l'expérience et non sur le cérébral. Il nous tenait à l'écart de la fadeur, de la sentimentalité. Il était une école de réalisme et de rigueur, une école de résistance à ce qui peut rétrécir la vie. Nietzsche n'aurait pas fulminé contre la « mauvaise nouvelle » du christianisme s'il avait rencontré nos animateurs. Nos sorties, nos réunions, nos camps, c'était plutôt le grand vent du large et la joie de se surpasser pour glorifier la vie.

Nous allions chercher du bois l'hiver, dans la forêt, pour des personnes âgées. Nous donnions des spectacles à Noël dans des villages. Nous construisions des huttes munies d'un chauffage central. Nous traversions des rivières glacées à la nage. Là, j'étais dans mon élément. Un jeune a besoin de se frotter à autre chose qu'à des déclinaisons et des équations. Notre chef était un grand vivant. L'admiration que nous lui portions nous aurait entraînés à sa suite au bout du monde.

Le scoutisme était aussi une mystique. Nous la retrouvions dans nos revues et dans quelques livres. Pour en donner un échantillon, voici un passage d'un auteur qui était pour nous une référence : Guy de Larigaudie :

Des rêves trop grands pour notre carrure pèsent parfois sur nos épaules, rêves de conquérant, de saint ou de découvreur de monde, rêves qui furent ceux réalisés d'un Mermoz, d'un Gengis-Khan ou d'un François d'Assise. Il ne faut pas nous désoler d'être seulement ce que nous sommes. L'aventure la plus prodigieuse est notre propre vie et celle-là est à notre taille. Aventure brève : trente, cinquante, quatre-vingts ans peut-être qu'il faut franchir durement, gréé comme un voilier cinglant vers cette étoile au grand large qui est notre repère unique et notre unique espérance. Qu'importent coups de chien, tempêtes ou calme plat, puisqu'il y a cette étoile ! Sans elle, il n'y aurait plus qu'à cracher son âme et à se détruire de désespérance. Mais sa lumière est là et sa recherche et sa poursuite font d'une vie humaine une aventure plus merveilleuse que la conquête d'un monde ou la course d'une nébuleuse. Cette aventure-là ne dépasse pas notre carrure. Il nous suffit de marcher vers notre Dieu pour être à la taille de l'Infini, et cela légitime tous nos rêves... (Étoile au grand large).

Voici quelques notes de l'année de mes douze ans :

« Camp d'hiver au Mont-Dore. Villa des quatre vents. On se lave avec la neige. Un mètre d'épaisseur. Descente impressionnante de la piste C depuis le sommet du Sancy. Je me débrouille bien à ski.

... Nous explorons un moulin. Nous fabriquons du pain en l'enroulant autour d'un bâton pour le cuire. Fête de groupe. Danses auvergnates. Je suis déguisé en paysanne.

... Pèlerinage à pied à Orcival. Il pleut. Je suis heureux. Je trouve par terre une petite croix. Je ramène plein de jonquilles.

... Nuit de la Saint-Jean au Pariou. Nous montons avec des lanternes de papier. Nous faisons un grand feu et on nous lit des contes à faire frémir. Formidable. Je mets une grosse pierre dans le feu pour me réchauffer la nuit. On voit le ciel étoilé dans la grande bouche du volcan. Je rentre à vélo sur le cadre d'un camarade. Le maître-mot de la troupe : "*Faut pas mollir.*" »

À l'âge de treize ans, j'écrivis à une librairie parisienne pour que l'on m'envoie un livre qui me semblait important pour *bien vivre mon scoutisme* (comme nous disions). *Étapes* était son titre. Avec quelle attente fébrile je guettai la venue du facteur ! Le contenu de cet ouvrage était très détaillé sur les arbres, les oiseaux, les animaux, l'art de construire une cuisine en terre glaise, l'art de retrouver son chemin lorsqu'on est perdu, et cent autres techniques. Ce livre me parut bien plus passionnant que mes livres de classe. Je le dévorai. Je n'en ai pas sauté une ligne. Les dessins de Pierre Joubert étaient un hymne à la vie et à la beauté. Le texte de Pierre Delsuc était à ma taille. « Sois dur pour toi-même... Si tu as de la peine, reste souriant... Si tu rencontres l'échec, serre les poings et recommence... Ne manque jamais de te poser la question que voici avant d'entreprendre quelque chose : est-ce que cette façon de faire ne va gêner personne ?... » Les descriptions détaillées me permettaient de tout savoir sur la flore et la faune de mon pays. J'appris à faire le guet pour voir les animaux des forêts sans être vu, à discerner le temps du lendemain à partir des couleurs du couchant, à retrouver le nord quel que soit l'endroit où l'on m'avait conduit les yeux bandés. J'appris à reconnaître le mouvement des constellations. Ce fut là une école incomparable pour ne jamais m'ennuyer, capter avec intérêt ce qui se déroule sous mes yeux à chaque instant. J'éprouvais une joie immense à mouler des empreintes d'animaux, à sculpter des visages dans l'argile. Je trouvais mon bonheur à faire du feu avec une seule allumette par temps de pluie. Quel régal de cuire un poulet enveloppé dans une grosse boule d'argile, de pétrir du pain et de le cuire dans le sable brûlant !

J'aimais me lever une heure plus tôt que d'habitude. Mon fameux livre, *Étapes,* m'avait appris que cela me faisait gagner quinze jours par an. Les exercices physiques étaient une de mes disciplines quotidiennes. Nos animateurs, même lorsqu'ils avaient seize ans, étaient de vrais pédagogues tels que les décrit un ami professeur de lettres dans un livre qu'il vient de m'envoyer :

> *Il faut avoir des qualités naturelles et juvéniles d'entrain, d'enthousiasme, de curiosité, d'imagination, une grande ouverture d'esprit, bref une certaine vitalité communicative et le goût des relations humaines. À proprement parler, l'éducateur n'a rien à enseigner ! Son rôle est, par son exemple, d'entraîner à voir, à sentir, à s'émerveiller, de rajeunir la présence à la nature, aux autres, à soi-même ; car cet acte de présence répété — et toujours nouveau — change tout. L'expérience, même monotone, s'enrichit ; le voile d'indifférence et d'ennui se lève* [...] *Avec ce genre de guide éclairé, renseigné et dynamique, la moindre randonnée, une promenade, la visite d'un musée... peuvent marquer, voire changer la vie.* (Onimus, *Quand le travail disparaît*)

Le scoutisme enseignait par-dessus tout la convivialité. La patrouille était une réalité qui nous transcendait. Pour qu'elle réussisse ses entreprises, nous étions prêts à tout. « Quand on se donne beaucoup à quelque chose de bien, on est forcément joyeux... »

À l'école, il n'était guère question de s'aimer, de se rencontrer. Par affinités, nous formions des *grumeaux*, écrans de camarades qui nous cachaient les autres. À *la troupe* scoute, nous nous connaissions tous. Nous étions de milieux sociaux très différents, mais nous ne le savions pas. La plupart de nos activités se vivaient par petits groupes de six à huit, que nous appelions *patrouilles*. La mienne, « Les Sangliers », avait pour devise : « *Fonce !* » Ce programme m'allait comme un gant. Je n'ai gardé aucun mauvais souvenir de nos relations réciproques. Ni jalousies, ni conflits de pouvoir, ni humiliations.

Lors d'un camp de Pâques, notre chef de patrouille nous fit accomplir un chemin de croix dans la boue et la neige. La beauté austère des monts d'Auvergne donnait à cette liturgie un cadre digne d'elle.

La prière scoute, attribuée à saint Ignace de Loyola, définissait notre idéal :

Seigneur Jésus,
apprenez-nous à être généreux,
à Vous servir comme Vous le méritez,
à donner sans compter,
à combattre sans souci des blessures,
à travailler sans chercher le repos,
à nous dépenser sans attendre d'autre récompense
que celle de savoir
que nous faisons Votre sainte volonté.

Lors de ce camp de douze jours, nous marchions par étapes de vingt à quarante kilomètres. Dès la deuxième nuit, la tente déchirée par le vent devint inutilisable. Un jour, près du lac Pavin, je partis en solitaire pour m'assurer si un autre itinéraire n'était pas plus praticable vers le « Creux du Soucy », halte prévue pour le soir. Je me perdis pendant quatre ou cinq heures et ne retrouvai mes compagnons qu'à la nuit tombée. Ils étaient démoralisés, allant jusqu'à regretter d'être venus. Je pris ce soir-là un beau coup de sang ! « Vous préféreriez être en cours de maths peut-être ? Vous êtes malades ? Vous n'avez pas le droit de mollir ! »

Nous avions une coutume étrange : tous les mois, nous nous retrouvions pour une réunion que nous appelions une *lessive.* Le mot était bien choisi. Nous *lavions,* en effet, *notre linge sale en famille.* Il fallait dire les points faibles des autres. « Tu foires » était l'expression favorite pour dire à tel ou tel que son comportement était hors normes ou hors-la-loi. Nous prononcions ces mots : « Tu foires ! » de façon valorisante, comme pour dire : « Tu peux faire beaucoup mieux ! » Dans la société de cette époque, l'école et la famille étaient les temples du perfectionnisme et du reproche. La vie scoute offrait un autre terrain où exigence et joie se donnaient la main. L'aventure qui nous soudait était bien plus précieuse que nos dissentiments. C'était un vrai bonheur de s'épauler les uns les autres. Notre activité essentielle était faite de longues marches. Nous chantions tout en marchant. Nous couchions dans les granges ou à la belle étoile. Il n'était pas rare que nous marchions jusqu'à une ou deux heures du matin. Nous dormions dans une grange ou dans un clocher. L'hiver, cela pouvait être entre deux congères de neige. Aujourd'hui, un responsable de jeunes serait poursuivi en justice pour bien moins que cela !

Pour mon *chef de patrouille,* élève d'une école technique, âgé de seize ans, la maîtrise de soi, l'exactitude et la volonté étaient l'objet d'un enthousiasme convaincant. Je me souviens d'une réunion où, pendant une heure, il nous avait inspiré l'horreur d'un maintien avachi. Tenir les mains dans ses poches était, à ses yeux, le comble de la vulgarité. Tout cela n'allait pas sans orgueil. Il y avait *nous, l'élite,* et les autres : ceux qui marchent les mains dans les poches, les VP *(visages pâles),* ceux qui ne sont jamais debout pour voir se lever le soleil !

Je fus nommé chroniqueur de notre petite bande. Je rédigeais une chronique quotidienne des événements avec des dessins imités de ceux de Pierre Joubert, dessinateur de la collection « Signes de piste ». La patrouille des Sangliers était une *fratrie* à ma taille. Nous lançâmes un journal : *Le Marcassin* ! Il dura le temps de quatre ou cinq numéros. Quelle passion dans la rédaction, la fabrication et la vente !

À la fin des veillées, dans le mystère de la nuit, devant les braises d'un grand feu, nous écoutions quelques phrases du chef et de l'aumônier. Puis nous chantions une prière qui nous prenait l'âme :

Avant d'aller dormir sous les étoiles,
Doux Maître, humblement, à genoux,
Tes fils T'ouvrent leur cœur sans voile.
Si nous avons péché, pardonne-nous.

Ensuite, c'était le silence le plus total, propice à la paix et aux rêves.

5

CONDAMNÉ À DÉCEVOIR

« Qui vit content de rien possède toute chose. »
BOILEAU

Un des points de notre *loi* était : « Le devoir du scout commence à la maison. »

Mon père me demandait souvent de porter son courrier à la poste. C'était toujours après dix heures du soir et il fallait parcourir près d'un kilomètre aller-retour. Les rues étaient mal éclairées. À l'âge de douze ou treize ans, j'avais peur parfois dans l'obscurité. Je me croyais suivi par je ne sais quel voleur d'enfant ! Mais mon affection pour mon père grandissait à chaque pas. Ce besoin qu'il avait de moi me rapprochait de lui. Je le décevais dans mes études, il fallait bien compenser sur un autre terrain. Être quelqu'un pour son père me semble, aujourd'hui, un des atouts majeurs pour se donner le droit d'être soi-même.

Mes relation avec ma mère ont connu plusieurs périodes. À sept ou huit ans, lorsque, écartant les rideaux du salon, je la regardais parler avec ses invités ou danser avec des messieurs en habit de soirée, elle me semblait composer un personnage. Je ne la reconnaissais pas. Les mondanités paraissaient lui donner un masque. Sa voix avait des intonations qui me semblaient *surfaites.* J'en voulais à ce monde artificiel de me voler ma mère. J'ai aussi des souvenirs très doux, lors de retrouvailles. Elle venait voir son père avec qui on m'avait laissé au Pays basque. Je ne l'avais pas vue depuis six mois ou davantage. Parfois, ma mère et mon grand-père ne voulaient pas que je comprenne leur conversation, aussi parlaient-ils en béarnais.

Un après-midi, je lui tenais compagnie tandis qu'elle rangeait un tiroir. Au milieu de ce fatras, je fus intrigué par un petit tube d'aspirine. À l'intérieur se trouvait une substance lourde comme du métal et mouvante comme du liquide (du mercure peut-être). Elle m'avait frappé la main en me disant : « Touche pas à ça. » J'avais demandé : « Qu'est-ce que c'est ? » La réponse avait été sèche : « T'as pas besoin de le savoir ! » J'avais ruminé longtemps dans ma tête. Qu'est-ce que cela pouvait bien être ?

Ma mère prenait parfois ma défense lorsque les propos de mon père se faisaient trop sévères. Un jour, celui-ci s'opposa à ce que nous allions faire du ski. L'éventualité d'une jambe cassée et des frais médicaux ne l'inspirait pas. J'entends encore la voix de ma mère : « Tu veux en faire quoi de tes fils, des hommes ou des chiffes molles ? » Lors de vacances dans les Alpes, alors que j'avais treize ans, nous fîmes de nombreuses courses en montagne. Je garde un souvenir paradisiaque de maman dans ce cadre de fleurs, de torrents, de rochers, de troupeaux, de sonnailles. Sa joie faisait la mienne. Vraiment, le bonheur fut total cet été à Lugrin sur la rive du lac Léman. Jamais la famille ne m'a semblé plus soudée qu'en ce temps-là. Désormais, le parfum des lacs, des chalets d'alpage, des granges, lorsqu'on dort dans le foin au-dessus des étables dans la bonne odeur du lait caillé, est pour moi source d'un bonheur sans mélange. Ce que j'ai vécu cet été-là sur les Mémises, la Dent d'Oche, les Cornettes de Bise fut un échantillon d'Éternité.

J'ai retrouvé une lettre de huit pages adressée à mon grand-père, où je tente de lui faire partager nos aventures :

> « Partis vers cinq heures, nous avons pris un raccourci dans le maquis. Nous nous sommes régalés avec les noisetiers... Après un sentier assez raide, nous avons débouché sur un vallon où il y avait un chalet magnifique : "Nord de Vaux". Maman a pris des photos de nous avec les chèvres. Quand nous sommes repartis, elles nous ont suivis jusqu'au sommet de la colline. Là, nous avons mangé des myrtilles en quantité. Puis nous avons continué l'ascension du pic. Il y avait un immense troupeau de vaches qui portaient chacune une cloche. Cela faisait un harmonieux tintamarre. En haut de la roche qui formait le pic, le panorama était magnifique. On voyait le lac Léman dans toute sa splendeur... On voyait le château de Chillon, les Alpes bernoises, les Diablerets. Maman nous a montré les montagnes qu'elle escaladait avec vous lorsqu'elle avait seize ans. Nous sommes redescendus en glissant sur nos fonds de culotte. Maman était ravie et moi aussi. »

À Clermont-Ferrand, pendant mon adolescence, j'étais volontiers choisi par ma mère pour l'accompagner au marché et porter d'énormes cabas remplis de légumes. Elle m'appelait *le costaud*. Je garde un si tendre souvenir de ces *tournées* de deux ou trois heures. Les parfums des étalages de fruits et de légumes m'enchantaient. J'aimais les invitations vigoureuses des vendeuses et des vendeurs à venir contempler leurs produits. Comme j'étais fier de voir combien ma mère savait se débrouiller pour choisir les denrées les moins coûteuses et obtenir des prix de gros ! Encore aujourd'hui, c'est un régal pour moi de faire le marché. Cela me remet en mémoire ces merveilleux moments. Nous allions ensemble parfois jardiner dans la banlieue de Clermont. Cela nous rapprochait beaucoup.

Ma mère consacrait ses loisirs à la peinture. Dans les greniers de ma mémoire, les moments bénis où je regardais maman peindre ont une place privilégiée. Les réalités les plus banales devenaient si belles à travers ses yeux, plissés pour mieux voir le jeu des couleurs. Aujourd'hui, ses toiles me parlent d'elle comme la création me parle de Dieu. Les bateaux dans le port de Saint-Jean-de-Luz, les formes bleutées des Pyrénées, les pommiers en fleurs, les arbres à l'automne étaient ses sujets favoris. Les teintes de ses tableaux à l'huile sont très douces, presque des tons pastel.

Ma mère chantait parfois, en s'accompagnant au piano, de sa voix de soprano : « *Voyons, Manon, plus de chimères, où va ton esprit en rêvant ?* » Mes frères et moi, nous l'imitions en forçant le ton d'opérette. Ingrats et rustres que nous étions !

En fin d'adolescence, les relations se sont momentanément gâtées. Ma mère avait lu sur mon journal des propos la concernant qui ne lui étaient pas très favorables.

Qui étais-je pour juger ainsi ma mère ? N'est-ce pas pour ses six enfants, pour leur survie, qu'elle avait imposé des limites à ses rêves ? Mais j'écrivais comme on jette une lettre au panier !

... Non, tu ne savais pas, je ne t'ai jamais dit.
Je ne me suis jamais dit peut-être à moi-même
(c'est quand on a perdu qu'on sait comment on aime),
Non, je ne savais pas, je ne dirai jamais.
De quelle âme de fils, ô mère, je t'aimais !
... L'aimer ! Mais pour l'aimer étais-je un autre qu'elle ?
... Mon corps n'était-il pas tout son corps, et mon âme,
Un foyer emprunté qu'allume une autre flamme ?
(Lamartine, *Jocelyn)*

... La *religion* enseignée comme une matière scolaire était pour moi un désert aussi aride que les matières abstraites. Je *séchais* aux interrogations de catéchisme comme aux examens de latin ou de maths. Le mot *Dieu* recouvrait pour moi une réalité dont l'essence était : *sévérité, dureté, absence de miséricorde.* Dieu voyait tout, Il savait tout. Il connaissait même mes fautes cachées. J'étais cerné.

On m'avait offert pour mes douze ans un très beau livre illustré : *La Grèce au temps des dieux.* Thétis, Coré, Daphné m'émerveillaient par leur beauté. Zeus n'avait pas l'air commode. Il passait son temps à courtiser les humaines et à punir. « Tous, vous ne pesez pas un fétu devant moi. Toutes les divinités suspendues d'un côté et moi de l'autre, je l'emporterai !... Son rire devint fureur. Son poing s'abattit sur six femmes, créatures d'Héphaïstos. Puis il empoigna son fils par la jambe et s'en servit comme d'une fronde... » Chacun des dessins de ce livre est gravé en moi à jamais : Apollon et sa lyre, Daphné courant en tunique transparente, les Centaures impressionnants de vigueur galopant au milieu des éboulis, Zeus terrifiant, lançant son fils à travers la mer Égée...

Le domaine du religieux était celui du fascinant, du redoutable. Mais Dieu n'était-Il pas aussi la clef du réel ? La *Nature,* sous toutes ses formes, captait mon adoration. J'étais forcément mal vu du Créateur puisque j'obéissais peu à Ses commandements. Mon rapport avec Lui se bornait à déclencher Son courroux, comme Héphaïstos avec Zeus. Une nuit, un cauchemar me réveilla : je courais dans une cathédrale et une main géante cherchait à me saisir. Des gravures de l'époque représentaient Dieu comme un œil au milieu d'un triangle ! D'où venait cet *œil* de la conscience dont on nous parlait en classe de catéchisme, en citant *La Légende des siècles ?* Où donc Victor Hugo avait-il déniché cet œil qui poursuivait Caïn jusque dans sa tombe ? La Bible nous offre un Dieu qui trace un signe sur le front de Caïn pour que la vengeance des hommes ne le poursuive pas. Le message de tendresse était transformé en message de châtiment. Pourquoi ?

Le catéchisme, tel que je l'ai compris, ne m'a pas rejoint. Il était composé de questions et de réponses aussi péremptoires qu'abstraites. Comme s'il n'y avait qu'une seule réponse à une question ! Ce livre était censé contenir « les Vérités, les secours et les commandements de Jésus-Christ ». Dieu était un « Esprit éternel infiniment parfait, créateur et maître de toutes choses ». Comment aimer un esprit ? Il voyait tout : « le passé, le présent, l’avenir, tout ce que je fais et tout ce que je pense ». Impossible de Lui échapper ! Il était « Un seul Dieu en trois personnes égales et distinctes ». Encore de la géométrie ! Il avait « crée les anges bons et heureux ». Pourquoi alors avait-Il créé les hommes si mauvais et si malheureux ?

Il nous avait créés « pour Le connaître, L’aimer et Le servir comme un Père et obtenir ainsi le bonheur du Ciel ». Nos premiers parents avaient désobéi. « Alors, ils perdirent la vie qui devait les conduire au ciel. Ils furent condamnés à la souffrance et à la mort. »

Le péché mortel « enlevait à l’âme la vie surnaturelle, nous rendait ennemis de Dieu et nous méritait l’enfer ». Je passe sur les traumatismes causés par la peur de cet Auschwitz éternel. (Notre faute était d’accorder quelque crédit à ce discours. Mais si une maille sautait toute la tapisserie s’effondrait !) Le péché véniel nous valait « des peines temporelles qu’il faudrait subir en ce monde ou dans l’autre »... Si Dieu était appelé « Père », ce n’était pas le père de l’enfant prodigue. C’était un père avec une cravache. Au retour de l’enfant fugueur il aurait hurlé : « Et cela ne te fait rien d’avoir fait pleurer ta mère ! »

Des anciens me disent aujourd’hui : « Ne critiquez pas. Que diront les générations futures du catéchisme actuel ? » Bien sûr, le catéchisme des années 40 pouvait avoir des effets très différents. Sœur Emmanuelle et mère Teresa se sont très bien accommodées de ce qu’on leur a enseigné. Pour Jean-Paul Sartre et Simone de Beauvoir, ce fut une catastrophe. Je ne veux voir dans nos souffrances d'enfants déçus qu'un motif de plus pour retrouver les élans des saints. Eux, ils ont su, parfois malgré la catéchèse de leur époque, entrer dans les secrets de Dieu.

J'aimerais citer un ami psychiatre, Yves Prigent, qui a exprimé exactement ce que je ressentais :

> *Que le Christ fût ressuscité, qu'il fallût vivre comme des oiseaux, des fleurs des champs, des petits enfants, que les pauvres fussent bienheureux, me fut déclaré de la même voix assurée, précise, péremptoire que j'entendais dire que la lumière était un phénomène ondulatoire et que l'eau était formée d'hydrogène et d'oxygène.* [...]
> *La religion catholique n'a pas été nourrissante pour moi parce qu'elle ne s'est jamais adressée, intéressée à ma faim, à mon désir et qu'elle m'apparaissait comme fonctionnant dans les zones périphériques des êtres.* [...]
> *Il me semblait que ce qui était du domaine religieux était renfermé, rigide, préformé, préjoué, prédigéré, prépensé, pressenti par un autre. Aucun doute vivant, aucune folie jaillissante, aucun élan dérangeant, aucun illogisme enfantin, aucune beauté naturelle ne venaient me dire que le Dieu de ces gens-là était vivant, désirant, gracieux, nourrissant et enivrant comme du pain et du vin, ardent comme un berger ou un fiancé.*
> (L'Expérience dépressive)

Rien n'est plus fondamental qu'une base solide en matière religieuse. C'est comme la carcasse pour la construction d'un bateau ! Dieu ne peut être que plus beau, plus vivant, plus aimant, plus grand que tout ce que nous pourrions dire à Son sujet. Mais c'est à partir de notre vie que Dieu voudrait nous parler de Lui. « Venez voir un homme qui m'a dit tout ce que j'ai fait », disait la Samaritaine à ses voisins. C'est en donnant du sens à notre quotidien que Dieu Se révèle.

Notre instinct de conservation nous porte à l'égoïsme. Le *prochain* omniprésent nous tire dans l'autre sens. Il crie : « J'existe, moi aussi. » Entre ces deux appels, une lutte s'installe. Dieu vient au cœur de ce débat pour faire pencher la balance du bon côté. Mais comme Dieu a parlé la langue du peuple où Il s'est manifesté, ce langage, s'il demeure inexpliqué, devient source permanente de malentendus.

Il nous dit : « Honore ton père et ta mère », et ensuite : « Celui qui ne hait pas son père et sa mère n'est pas digne de Moi. » On ne nous disait pas que *haïr,* en hébreu, implique seulement une préférence envers un autre objet.

Il fallait *perdre sa vie pour la trouver.* Le sens de cette phrase est prodigieux (une bougie qui se garderait intacte dans un tiroir ne donnerait aucune flamme !), mais lue au premier degré, elle est un encouragement à vivre à petit feu, en refrénant ses désirs, en évitant de développer ses talents. Pour éviter l'incendie de l'orgueil on se noyait dans la pusillanimité (le petit, le mesquin le rabougri..., dirait-on aujourd'hui).

Le mot *Père* par lequel nous étions invités à nommer Dieu était lourd de tout ce que je ressentais dans mes relations avec mon propre père. Dans les deux cas, c'était une présence redoutée. Ou bien j'avais trouvé grâce à Ses yeux et c'était le *nirvana,* ou bien j'avais provoqué Sa fureur et c'était le drame. À chaque accident, tout le monde disait : « Le bon Dieu t'a puni. » C'était comme ça ! Ce n'était pas moi qui allais changer la nature des choses ! À partir de quels repères aurais-je pu penser autrement ? Il existe une contre-catéchèse : celle des idées toutes faites.

L'éducation est un art ; le plus beau s'il est imprégné d'amour ! Si l'amour est absent, l'adulte en reste à son agacement : « Comment, tu ne comprends pas que le carré de l'hypoténuse... mais c'est incroyable ! Qui m'a fichu un crétin pareil ? C'est pas possible d'être aussi bête ! » C'est pourtant tellement merveilleux d'aider un être encore en bourgeon et incertain à acquérir sa personnalité et à devenir capable de comprendre, à sa façon, le monde. Il y a là peut-être un futur François d'Assise, un futur Mozart, une future Thérèse de Lisieux, et nous pouvons contribuer à sa métamorphose. Privilège exorbitant que nous saccageons. Nous préférons la perfection de notre *discipline,* plutôt qu'un être de chair et de sang, limité, enfermé dans ses peurs et dans ses doutes, magnifiquement étranger à nos certitudes. Les perfectionnements que nous attendons d'un enfant viendraient en cascade si nous prenions d'abord le soin d'écouter battre son cœur !

Le *petit Jésus* enseignait dans le Temple et les adultes étaient éblouis : mon rêve ! C'est ce *petit Jésus* que j'ai reçu dans mon cœur le jour de ma première communion. Ce n'était ni le barbu mécontent, ni l'œil entouré d'un triangle. Je garde de ce moment un souvenir radieux. Si le *petit Jésus* me rendait visite, peut-être avais-je du prix pour quelqu'un de très important ? Je revois le petit *corniaud* que j'étais à huit ans, bête, pataud. Je me croyais de trop, né par erreur, incapable d'inspirer un intérêt quelconque ! Or on m'annonçait que Jésus voulait me rendre visite. En sortant de l'église, ce matin de printemps 1938, je pouvais marcher la tête haute. Cette première communion était un *permis d'exister.* Un petit prince étrange, frisé, blond aux yeux bleus en tunique blanche, était Dieu. Il était venu me rendre visite sur ma planète.

Victor Hugo fait dire à Ruy Blas : « Je suis plus que le roi puisque la reine m'aime. » Eh bien ! moi, j'avais plus que toutes les reines. C'était à Notre-Dame-du-Port, superbe église romane cachée au milieu des ruelles du vieux Clermont-Ferrand. Ensuite, notre petite bande de quatre garçons et deux filles est allée à notre école prendre un chocolat et un petit pain. Jacques, Philippe et mon frère Alain portaient comme moi le « costume marin ». Louise et Anne avaient une petite couronne de fleurs blanches sur la tête.

Mon aumônier scout me transmit sa grande affection envers *la Sainte Vierge,* un amour comme pour un être de chair et de sang. Je collectionnais les pèlerinages à pied vers tous les sanctuaires d'Auvergne. L'un d'eux, à Orcival, fut particulièrement émouvant. Je partis seul, un soir de pleine lune au mois de mars, et marchai toute la nuit, sur une route bordée de congères. La beauté de ces paysages dans la clarté de la lune avait sur mon cœur une puissance extrême. Nuit, lune et neige unissant leur magie diffusaient plus de transcendance que tous les catéchismes !

Marie était à mes yeux la mère rêvée. Je répétais des phrases, comme des *mantras* hindous, dont la signification m'échappait : « Vous êtes toute belle, Marie, et la tache originelle n'est pas en vous. » Je ne me posais guère de questions sur cette fameuse tache. J'égrenais le chapelet sans chercher à comprendre le sens des paroles du « Je vous salue... ». La religion était tissée de mystères, je n'en étais plus à un près !

Nous étions riches de cantiques de toutes sortes à la gloire de Marie. L'un d'entre eux avait le parfum des forêts et des champs de genêts que nous avions traversés en le chantant entre les puys de la chaîne des Dômes :

Vierge des chemins de France,
nous venons à toi,
Nous avons cueilli pour toi
ces fleurs au long des bois...
Ave, nous sommes las,
nous pauserons auprès de toi.
Sur la route et pour le dur effort,
soutiens nos pas... Maria !
Et prends-nous un jour au ciel,
ô Mère, dans tes bras...

Parmi ceux qui ont connu cette époque, beaucoup considèrent que nous n'étions pas loin de l'idolâtrie. Comme il eût été intéressant de nous proposer une retraite spirituelle sur le rôle de Marie à travers les Évangiles et l'Apocalypse ! Cela nous aurait protégés de certaines images puériles. Jésus était mort sur une Croix « pour apaiser le courroux du Père », m'avait-on dit, et Marie avait pour rôle d'empêcher la vengeance divine. Elle retenait le bras de Son Fils. Jésus représentait la Justice impitoyable sur le point de déclencher un nouveau déluge. Marie ne semblait pas assez forte pour protéger ses enfants. Elle ne retiendrait pas le bras de Jésus pendant cent sept ans ! Déjà, la guerre dans laquelle nous étions plongés était présentée comme un châtiment.

Marie, sur tant et tant de tableaux, représentait *la femme* idéale. Dans la nef de la chapelle de notre école, elle trônait, jeune et superbe dans sa robe bleu ciel. Le monde entier se tournait vers elle. Médecins, savants, ingénieurs, paysans... tous lui offraient leur vie et leurs travaux. Femme sublimée, vierge intouchable, mère qui console, elle invitait à respirer l'air des cimes.

Marie symbolisait la femme dans sa plénitude spirituelle. Elle donnait une sorte d'allergie à tout ce qui, dans le féminin, pouvait éveiller un désir trop sauvage.

Ma foi allait plus spontanément à Marie qu'aux trois personnes divines. Le Père était trop abstrait, trop dur, trop perfectionniste. Le Fils fermait la porte du Royaume au nez des étourdies qui avaient négligé de garnir leur lampe à huile. L'Esprit saint demeurait dans le flou symbolique d'une petite colombe sur une image de confirmation. Il restait Marie, à la fois humaine et presque divinisée. Grande dame souveraine, elle était capable de tout comprendre et de tout pardonner. Elle était ma mère de façon très réelle. Elle était la Princesse dont je me voulais le chevalier. Elle ne faisait qu'un avec le bonheur que j'éprouvais en marchant pour elle, avec elle, vers les sublimes sanctuaires d'Auvergne. Hiératique, couronnée, avec ses yeux immenses, assise sur un trône, son tout-petit sur les genoux, Marie était ma passerelle vers le Dieu inconnaissable. Marie était le chef-d'œuvre de Dieu. Elle portait à sa perfection le genre humain. On ne pouvait jamais la prendre en défaut. Douceur, compréhension, beauté, tendresse. Elle était tout ce qu'une femme peut rêver d'être, tout ce qu'un homme peut aspirer à contempler.

Il m'est resté de cet impact la conviction que Marie est la mieux placée parmi tous les saints pour nous dire ce qu'aimer Dieu peut signifier. « Regarder Dieu en regardant ce beau visage qui Le regarde » (Claudel). Marie est la nouvelle Ève, une Ève qui a répondu : « Oui » à Dieu au lieu de Lui dire : « Non ».

Mon aumônier scout a joué un grand rôle dans ma quête religieuse. Je retrouve un bout de papier sur lequel j'ai griffonné mes impressions d'une visite que je lui rendis quand j'avais seize ou dix-sept ans. En réalité, il s'agit d'une confidence... à Dieu... pas moins que cela !

> « ... Merci, Seigneur, de m'avoir remis sur Ton chemin. Que ce fut difficile ! Preuve d'authenticité. Le père Bogros avait déjà été sur ma route, mais je n'avais pas su le reconnaître. Je ne regrette pas que Tu m'aies conduit à nouveau vers Ton messager. Je crois que je veux y croire, et ce sera merveilleux.
> En frappant à sa porte, je tremblais de froid, d'émotion, de peur, de doute... Ce premier contact m'a électrisé. J'ai pris le prétexte de discuter de *La Condition humaine* de Malraux.
> — Croyez-vous à la compréhension entre les êtres ? lui ai-je demandé.
> — Les comprendre : oui, les connaître : non !
> Je lui parle de ma complication intellectuelle. Il me dit :

— Tu m'avais inquiété car tu ne concluais jamais.

— Oui, je m'inquiétais moi-même. Il y a en moi un besoin de tout compliquer. S'agit-il d'une faille affective ? Pourquoi cette angoisse ?

La conversation se déroula comme dans un rêve, un beau rêve. Je n'étais pas intimidé, mais ma bouche était sèche et ma gorge serrée. Dans un sourire, il me dit :

— Use de moi comme tu veux, quand tu veux !

Pourra-t-il m'aider à chasser mes ombres ? J'ai bon espoir !

Le Dieu infini était surtout indéfini, flou, terrible, si douloureusement abstrait. Il présidait aux forces cosmiques. J'étais hindou sans le savoir ou bien panthéiste. Je croyais à une *Grande Âme* dont chaque créature traduisait un aspect.

À l'âge de neuf ans, j'avais vu nettement une boule de feu entrer par la fenêtre de la chambre où je dormais. Elle explosa dans un fracas terrible. J'ai cru que j'étais mort et je m'endormis. Je constatai bientôt que le ciel n'était pas vide. Il y avait au moins ma grand'mère dont les cris me ramenèrent sur terre. L'explosion de la foudre avait littéralement soufflé le grand mur contre lequel se trouvait mon lit. Il n'en restait plus qu'un amas de briques. Le *dieu* qui était *derrière* tout ça, c'était quand même Quelqu'un ! Il avait des moyens. J'avais intérêt à marcher droit ! Et cette explosion n'était qu'un avertissement !

J'étais aimanté par les tempêtes. Un soir d'orage, une amie de mon grand-père jouait du Chopin au piano, et ma meilleure amie était à deux pas de moi, immobile, le regard perdu. Les notes claires du piano, au milieu des coups de tonnerre, la chevelure blonde et les yeux bleus de la jeune fille composaient un hymne de beauté. Cela valait la peine de vivre pour connaître des mo-ments d'une telle intensité. Des réalités qui ne cesseront plus jamais de susciter les battements de mon cœur convergeaient ce soir-là : un cadre de beauté, une musique, langage de l'âme, et l'émotion des visages, en quête d'un Absolu qui les aimante. La voix humaine aussi, cette voix qui parfois porte si bien les secrets d'un être vers un autre.

J'admirais la puissance du Créateur dans les vagues énormes que je ne me lassais pas de contempler du haut des rochers de Sainte-Barbe, à Saint-Jean-de-Luz. Je Le retrouvais aussi dans la douceur des myosotis, sur les ailes irisées des libellules. Je le retrouvais sur les flaques d'eau gelées emprisonnant des bulles d'air, formant des plis de glace. L'été, je restais des heures entières enfoui dans les herbes hautes de la prairie, me grisant du parfum des fleurs et du bourdonnement des abeilles, guettant les trous des grillons si drôles avec leurs têtes luisantes et noires.

Il est vrai que certains des auteurs offerts par le programme m'initiaient à cette extase.

Ô sommets de montagne ! air pur ! flot de lumière !
Vent sonore des bois, vagues de la bruyère !...
J'embrassais, en pleurant, les racines des arbres,
Et, me collant au sol comme pour écouter,
Je croyais sur mon cœur sentir Dieu palpiter
(Lamartine, *Jocelyn*).

Job dans sa souffrance est invité par Dieu à lever les yeux vers la beauté du monde : la terre — l'océan — les nuages — l'aurore — les fonds sous-marins — les sommets neigeux — les torrents — les prairies — la rosée — le givre — les étoiles — la foudre — l'ibis — le coq — la lionne et ses lionceaux — le corbeau et ses oisillons — les chamois — les biches — les faons — l'okapi — le bison — l'autruche — le cheval — l'aigle — l'hippopotame — le crocodile[1]...

Après ce long poème où Dieu Se félicite de Sa Création comme au premier matin du monde, Job s'extasie : « Je ne Te connaissais que par ouï-dire. Maintenant, mes yeux T'on vu. »

Cette beauté aux formes les plus variées est un hourra à la Gloire d'un Créateur. L'univers déborde des symboles de Sa présence. Pour Jésus, une poule qui abrite ses poussins, des oiseaux qui font leur nid dans un arbre, des anémones aux couleurs somptueuses, un figuier, une lampe allumée, une femme qui enfante ont quelque chose à nous dire de la Tendresse de Dieu.

La création n'est pas une chiquenaude initiale ; c'est une stimulation, un élan. Elle est une provocation à exister, comme la poussée interne qui *travaille la vigne* et la sollicite vers l'expansion et la fécondité : « Je suis la vigne, vous êtes les sarments... C'est la gloire de Mon Père que vous portiez du fruit. » Plus l'homme est fécond, plus Dieu est Créateur.

Reconnaître cette trace de Dieu offerte dans les multiples splendeurs de la création était une grâce inouïe. Un jour, quelqu'un m'a dit : « Je ne comprends rien aux pages du livre de Job où Dieu

1. Je vous renvoie volontiers à ces chapitres à la gloire de la création. (Jb 38-42).

s'extasie sur Son œuvre. La création me laisse froid. » Entendant cela, je comprenais à quel point j'avais été privilégié. « Regardez les oiseaux du ciel. Regardez les fleurs des champs... » Ces paroles de l'Évangile trouvaient en moi un écho profond. Avant d'être le *Père* ou *Jésus-Christ* ou l'*Esprit-Saint,* Dieu fut pour moi le peintre de la beauté. Séducteur comme personne, l'Artiste divin semblait dire à chaque créature : « Je n'ai fait tout cela que pour te conduire jusqu'à Moi. »

Je n'étais pas très conscient de la présence de Dieu dans l'Univers, mais j'en avais quelque intuition.

J'aimais la vie passionnément. Lorsque j'écoutais le chant des oiseaux au petit matin, quand je sautais dans les vagues par temps d'équinoxe, quand j'enfonçais mon visage dans les grappes jaunes des mimosas, quand je plongeais mes doigts dans la toison des ânes, quand je m'étendais seul, sur la plage, au soleil du matin, la création me *rentrait* par les yeux, les narines, les oreilles, les mains, tous les pores de la peau. Je voulais vivre avec intensité. J'avais quinze ans et je criais : « C'est tellement beau d'être vivant ! » Un chant de cette époque accompagnait notre ferveur :

Mes amis, la vie est belle
malgré les peines qui nous enchaînent.
Âmes claires, voix légères,
sans un sou au fond de l'escarcelle,
chantons au soleil qui ruisselle,
la vie est belle, belle toujours...

La beauté de certains morceaux de musique (Beethoven, Bach, Vivaldi, Ravel, Gershwin, Armstrong, Duke Ellington...) n'était pas le landes théories et des *écoles de pensée* plus que sur le réel ! La moindre conférence d'un moine mystique ou d'un lama tibétain nous aurait apporté cent fois plus de connaissances sur l'âme humaine, ses ressources et ses mirages... Les guerres de Napoléon, la production de cobalt de l'URSS, la fécondation des fougères, les imparfaits du subjonctif en français ou en allemand, voilà quel était l'objet de tous les soins ! Mais pour notre chemin intérieur et nos relations avec les autres : « Débrouillez-vous ! »

Ce que l'on a cherché à me faire entrer dans la tête par des cris et des coups est resté au-dehors : « L'enfant n'est pas seulement un être à qui on a à fourrer dans la tête des notions de différentes choses, mais il a un caractère à former et il a un cœur » (Claudel).

Il arrive que l'on soit blessé jusqu'au plus intime de soi-même durant son enfance. Ce n'est pas sans conséquences. Cette blessure n'en finira plus jamais de saigner. Si elle échappe à la tentation de la révolte, elle fera naître un cri, un appel pour un sursaut. Les conférences pédagogiques que l'on m'a invité à donner à de nombreux groupes de directeurs et d'enseignants d'établissements scolaires ne sont pas sans lien avec mon enfance contrariée. *L'avenir est à la tendresse* n'aurait jamais vu le jour s'il n'y avait pas eu cette blessure. Et c'est ce livre, issu de cette blessure, qui me valut d'être invité pour ces conférences dans une dizaine de pays. Les souffrances peuvent ainsi devenir le terreau de nos intuitions les plus fécondes. « Tout est grâce. »

J'aimerais rencontrer, d'homme à homme, tel ou tel de ces professeurs qui semblaient éprouver une sorte de jouissance à nous humilier, nous les cancres. Parfois, tel ou tel était prêtre. Lorsque je le voyais en prière, j'étais persuadé qu'il venait chercher auprès du *grand manitou* des consignes pour ne pas relâcher ses exigences. De telles pensées, sordides, ne me venaient pas par hasard. Celui que la Bible nomme « l'accusateur de nos frères » travaillait sans doute incognito. Disqualifier un messager de Dieu, quelle aubaine !

L'adolescent a besoin de comprendre le sens de l'effort que l'on attend de lui. « Le coup de pioche du prospecteur n'a pas le même sens que celui du bagnard » (Saint-Exupéry). L'essentiel de ma vie fut consacré à faire entendre une revendication importante des jeunes : « Aidez-nous à exister, à libérer en nous la plénitude de l'homme. »

En 1983, une chronique me fut demandée par le journal *Ouest-France.* Elle exprime ce que je ressentais pendant mes jeunes années à ce sujet. Ce texte, publié sous forme de dissertation scolaire, reste d'actualité pour moi. L'adulte que je suis laisse parler le jeune que je fus. Il n'était pas tellement loin. En voici quelques extraits.

> « ... Si l'être humain est la valeur suprême, l'éducation est la priorité des priorités. Son but est de libérer en l'homme le plein exercice de toutes ses aptitudes. "Que veux-tu être plus tard ?" demandait-on à un enfant qui répondit : "Moi."
>
> La création de soi-même est la plus grande aventure. Mozart, faute d'un père passionné de musique, aurait pu ne pas être Mozart. Gandhi, par manque de ce terrain nourricier que furent pour lui les mystiques hindoue et chrétienne, n'aurait pas donné sa mesure.
>
> Si nous comprenons bien que nous devons être formés dans toutes les disciplines, il nous sem-

ble que, par une aberration de l'esprit, notre époque privilégie les ressources de la mémoire et du raisonnement logique. On pose à des enfants la question : "La neige fond, qu'advient-il ?" "De l'eau", répondent les quatre-vingt-dix-neuf élèves reçus. "Le printemps", répond l'élève recalé. Pourquoi laisser en friche des continents entiers de notre personnalité ? Que deviennent les valeurs les plus nourrissantes : la poésie, le dessin, la musique, le silence, sans parler de la relation humaine ou de la contemplation des multiples splendeurs du monde ? Quel projet éducatif inavoué et peut-être inavouable se cache dans l'inconscient collectif de la société ? Un être bancal, hypertrophié du cerveau, sous-développé du cœur, immature peut devenir hargneux (délinquance, terrorisme...) ou sombrer dans un ennui profond (drogue, *bof génération*). Certains hommes, par l'éclat de leurs yeux et la tendresse de leurs actes, nous disent : "Cela peut être beau de vivre !" Ils tiennent tête aux volcans ou aux glaces polaires, aux sinistroses ou aux dictatures, aux internements ou aux tortures, aux épidémies ou aux haines fratricides. Ils font naître un sillage d'espérance.

Lorsque nous nous mettons un "Bof !" sur le cœur parce que c'est trop difficile de vivre avec, avez-vous cherché la cause de cette maladie ? Ou avez-vous déjà conclu au manque de magnésium, de calcium, de coups de pied au derrière ? "Le plus dur fardeau, c'est d'exister sans vivre", disait Victor Hugo. On prétend nous passionner avec des cours d'histoire ou de mathématiques, alors que rien ne nous aide à comprendre le cours de notre vie. On nous dit que nous venons du néant et que nous y retournerons. Et l'on s'étonne que nous n'ayons pas de cœur au ventre ! Nous sommes les enfants d'un siècle qui a perdu son cap et sa boussole. “Le XXIe siècle sera spirituel ou il ne sera pas”. Qui ne connaît cette prophétie de Malraux ? Et Teilhard, tellement optimiste pourtant, disait : “Bientôt l'humanité n'aura le choix qu'entre le suicide et l'adoration.” N'y a-t-il pas, dans ces réflexions, matière à repenser les projets pédagogiques afin de leur donner de nouvelles dimensions ? “Songer à enseigner la contemplation dans les lycées pour retrouver notre moitié perdue” (Koestler). Le taux de jeunes drogués et de jeunes suicidés ne cesse d'augmenter. Quand entendrez-vous leur cri ?... »

L'Occident a quelque peu vendu son âme pour un plat de lentilles. « Je ne puis dire à quel point mon époque était déicide, et comme mon âme était essentiellement religieuse, c'était moi-même sans le savoir que l'on tuait » (Romain Rolland). Une parabole de Virgil Georghiu exprime bien ce que j'éprouve : autrefois, on mettait des lapins dans les sous-marins ; lorsqu'ils mouraient, on était prévenu qu'il fallait remonter à la surface pour renouveler l'air. Aujourd'hui, les jeunes poètes sont asphyxiés... Lorsque je revois un certain nombre de mes amis de jeunesse, épris autrefois d'un immense idéal et enfoncés désormais jusqu'au cou dans leurs soucis matériels, j'ai mal.

Même dans les écoles, dites catholiques, que j'ai fréquentées étant jeune, j'ai le sentiment que nous avons été sevrés du sacré. Des crucifix étaient fixés aux murs, mais Jésus-Christ ne semblait pas « ressuscité d'entre les morts ». Avant chaque classe, le professeur bredouillait distraitement quelques phrases en latin. Cela s'appelait : « faire la prière ». Je défie ceux qui sont passés par là de m'en donner aujourd'hui le sens ! Ai-je perçu une lueur de foi à travers les cours ? Je n'en ai pas le souvenir. Sans doute cherchait-on à faire de nous des élèves qui passeraient leur bac plutôt que des croyants. Pour ne pas tomber dans les excès du cléricalisme, mon pays était tombé dans ceux du laïcisme. La foi n'a pas droit de cité là ou les jeunes ont à découvrir qu'ils ont une âme. Et l'on s'interroge interminablement sur leur absence de goût de vivre, leur recours à la drogue, leur violence !

Ce qui manque aussi dans les temples du savoir que sont les écoles, c'est l'enseignement de l'art de communiquer. Comment faire passer un message ? Comment entendre l'autre dans sa *carte du monde,* et non dans nos cadres de pensée ? Que signifie le réflexe de projection de notre mental sur les gestes et les paroles d'autrui ? Au lieu d'accueillir l'autre tel qu'il est, pourquoi avons-nous deux fois sur trois une attitude de rejet ? La peur de manquer de discernement nous fait tout soupçonner ! Parfois nous chargeons les propos d'autrui de sentiments qu'il n'a jamais eus ! Procès d'intention à n'en plus finir, origine des haines et des guerres.

J'ai mal, aujourd'hui, en pensant à l'image caricaturale que les professeurs-prêtres nous donnaient d'eux-mêmes. Je suppose qu'on leur recommandait la fermeté. Ils la nommaient *exigence.* Nous l'appelions *dureté de cœur.* Les rares professeurs laïcs semblaient plus humains. À chaque fin de semaine, le Supérieur venait distribuer les bulletins qu'il fallait rapporter signés par les parents. La couleur jaune, rose ou bleue indiquait la sentence. Moments solennels, moments de honte pour moi.

À l'occasion de certaines fêtes (Rameaux, Fête-Dieu), des processions austères se déroulaient dans la cour de l'école. J'essayais de donner sens aux paroles des cantiques. Je me souviens, par exemple, d'un certain « *cordi meo valide* » (« fortement dans mon cœur ») qui devenait : « *cordi meo vanité* » (« vanité de mon cœur ») ! Faute de culture véritable, je me suis fabriqué une religion personnelle dont le Mystère couvrait bien des bizarreries.

Aujourd'hui, grâce à la collection « Les Écrivains devant Dieu », je mesure l'extraordinaire découverte que nous aurions pu faire à travers les auteurs au programme. Même Voltaire n'est pas aussi impie qu'on le prétend. Une amie historienne affirme avoir initié sa conversion en découvrant récemment un texte de lui :

> *Ô Dieu qu'on méconnaît, ô Dieu que tout annonce,*
> *Entends les derniers mots que ma bouche prononce.*
> *Si je me suis trompé, c'est en cherchant ta loi.*
> *Mon cœur peut s'égarer, mais il est plein de toi.*
> *Je vois sans m'alarmer l'éternité paraître.*
> *Et je ne puis penser qu'un Dieu qui m'a fait naître,*
> *qu'un Dieu qui sur mes jours versa tant de bienfaits,*
> *quand mes jours sont éteints, me tourmente à jamais...*

Bien sûr, il ne s'agit là que de déisme, mais tout de même !

Étrange étape que la jeunesse, où l'on sait si peu de choses de la vie et du monde. Étrange période où l'on prend les vessies pour des lanternes et les vraies lumières pour des balivernes. L'expérience et l'événement sont nos grands maîtres spirituels. Mais il nous faut des guides pour savoir les interpréter. Les maîtres d'école pouvaient nous ouvrir sur la vie ! Le faisaient-ils ?

J'ai trouvé, il y a une vingtaine d'années, un texte qui traduit bien ce que vivent les jeunes générations, ce tourment qui les habite et rend leur comportement parfois si inconfortable :

> *Je plaide la jeunesse, non pas celle que détermine l'âge de la chair, mais celle qui triomphe de la mort des habitudes et à laquelle il arrive qu'on n'atteigne que lentement avec les ans... La jeunesse est injuste, brutale, ingénue, rebelle tant qu'elle peut aux références et aux déférences. Je ne prétends pas que ces vertus acides soient le dernier mot de la spiritualité. Mais si elles ne décapaient pas constamment les protections de l'adulte, que resterait-il de la fraîcheur du monde ? Nous sommes à l'âge où l'élan est pris qui franchira ou ne franchira pas le seuil de l'amortissement.*
> (Emmanuel Mounier)

Depuis l'âge de treize ans, je m'astreins à rédiger une sorte de journal. Je compare ces pages aux cailloux blancs que le Petit Poucet laissait sur son chemin pour ne pas se perdre. C'est tellement fou, la vie ! On a envie de s'arrêter parfois, de grimper en haut d'un arbre pour évaluer le chemin parcouru, pour se demander si on marche bien dans la bonne direction. J'écrivais aussi pour amortir les sensations trop fortes, calmer les sentiments trop ardents, ralentir le rythme de l'existence. Les éblouissements et les écœurements arrivaient en tornades. En écrivant, je me construisais un abri comme les chasseurs basques construisent des cabanes très haut dans les arbres pour mieux observer le passage des palombes.

Écrire, c'était arrêter le temps, ce fluide qui s'écoule inexorablement, comme du sable entre nos doigts. Ce qui est vécu aujourd'hui ne reviendra jamais, jamais plus ! Les géologues plantent des sondes dans le sous-sol et prélèvent des carottes de roches. Je voulais faire des prélèvements dans l'épaisseur du réel. Il y avait dans l'instant présent tant de richesses, bien plus que mon esprit aurait pu en saisir ! Je voulais laver l'événement brut pour lui faire avouer ses secrets comme les chercheurs d'or lavent le sable !

Depuis un demi-siècle, je retrouve dans ces carnets la même intuition. Par ses pleins et ses creux, par sa présence et son absence, la relation à l'autre était une question de vie ou de mort. Pourquoi ai-je été à ce point sensible à ce mystère ?

Mon père soufflait le chaud et le froid. Lorsque j'étais petit, il me prenait parfois sur ses genoux en me disant : « Mon petit Stanouche... », puis il me reposait sur le plancher avec un constat désabusé : « Dommage que tu sois si peu dégourdi... » Les attributs étaient variés. « Cossard... Je-m'en-foutiste... Crasseux... Foutu comme un gabion ! » Je passais sans transition du Ciel à l'enfer. Je méritais ces épithètes, bien sûr, mais je n'avais pas assez d'humilité, de courage ou de maturité pour en tirer parti. J'aurais dû ne retenir que les paroles valorisantes. J'aurais dû m'arc-bouter pour acquérir les qualités qu'on aurait souhaité trouver en moi ! Pourquoi faisais-je un tri aussi négatif ?

J'aime me rappeler l'attention et les soins de ma mère tout au long d'une scarlatine que j'ai traînée pendant un mois à la fin de ma quatorzième année. Elle était la seule présence à laquelle j'avais droit, étant contagieux. Quelle tendresse je reçus ce mois-là ! Durant cette maladie, une forte poussée de fièvre me fit délirer. Je voyais et je ressentais dans ma tête, à la frontière du rêve, des volumes sphériques minuscules qui augmentaient, prenaient tout l'espace jusqu'à l'infini et cela recommençait sans cesse ! Dans un autre rêve, je voyais la voiture de mon père tomber par la fenêtre. Me levant, j'allai frapper à la porte de son bureau pour le prévenir. Son flegme m'étonna : « Je m'en occupe, va te recoucher ! » Ce mois de maladie fut déterminant. Solitude et méditation. J'accédai à une dimension que je n'aurais pas su nommer. Peut-être était-ce ce qu'on appelle la vie intérieure. Effrayé de trouver sur ma route un trésor que je ne saurais peut-être pas garder, je découvrais que j'avais une âme, une étincelle divine.

Dieu était là et je ne le savais pas.

Je demeurai trois semaines alité et seul. Mes lectures durant cette vie recluse furent : *Damien, apôtre des lépreux* et *Vie de Charles de Foucauld.* Comment Dieu ne m'aurait-il pas rejoint à travers ces témoins qui manifestaient un amour si extrême pour leurs semblables ? Le père Damien était devenu lépreux par amour des lépreux. Et je m'identifiais facilement à leur sort avec ma maladie bizarre. Il y avait sur terre tant de cyniques et de blasés, tant d'aigris, tant de mal-aimés, tant de lépreux ! Et la plus grande lèpre de l'homme était de ne pas aimer.

Charles de Foucauld, après une vie de débauche, avait rencontré Jésus-Christ et était devenu un apôtre au cœur ouvert à tous. La photo de son visage, à elle seule, était criante du passage de Dieu !

Trois semaines de retraite imposée permettaient de s'arrêter, d'interrompre les habitudes, les activités extérieures. Je pouvais entendre les interrogations fondamentales : « Ce que tu fais est peut-être bien, mais qui le fait ? Vers quel horizon te portent tes jours ? » Cette maladie fut un mauvais coup pour la poursuite de mes études, mais ce temps sabbatique fut une chance pour la découverte d'un éveil spirituel.

Les études de français m'offraient sur un plateau tous les auteurs romantiques. Je m'en nourrissais abondamment. C'était bien souvent un véritable poison, une incitation à la mélancolie. Musset et Lamartine me jetaient dans des paroxysmes de solitude. Chateaubriand m'entraînait dans l'exaltation :

> *Je cherche un bien inconnu dont l'instinct me poursuit... Une voix du ciel semblait me dire : « Homme, la saison de ta migration n'est pas encore venue. Attends que le vent de la mort se lève, alors tu déploieras ton vol vers ces régions inconnues que ton cœur demande. Levez-vous vite, orages désirés qui devez emporter René dans les espaces d'une autre vie ! » Et ce disant, je marchais à grands pas, le vent sifflant dans ma chevelure, enchanté, tourmenté, et comme possédé par le démon de mon cœur.*

Souvent je partais seul, sur la chaîne des Puys ou dans les Pyrénées. Je n'étais pas tout à fait seul. J'emportais une compagne... ma préférée : ma guitare. La simple vibration de chacune de ses cordes m'enchantait. *Mi, la, ré, sol, si, mi.* C'est inouï, tout ce que l'on peut dire avec six notes ! Je dormais dehors, après avoir chanté aux étoiles, en compagnie d'un petit feu de bois.

Le carnet de mes seize ans m'intrigue. Aux événements bruts s'ajoutent des sentences, des résolutions stoïciennes. J'y retrouve des échos du livre du pasteur Wagner, *L'Ami,* offert lorsque j'avais treize ans. Je me grise avec de grands mots. Ce volontarisme prétentieux, je ne l'avais pas inventé...

> « Aie l'humilité et la simplicité de reconnaître tes torts... Sois plus gai et plus dévoué, surtout en famille. Tu les regretteras, ces années que tu ne sais pas aimer... »

L'aumônier scout me demanda de répondre à la question du Christ : « Pour vous, qui suis-Je ? » Je restai de dix heures du soir à deux heures du matin devant une feuille blanche. Puis j'ai rédigé d'une seule traite huit pages d'écriture. J'y décrivais un Jésus très romantique, vaincu, abandonné de Dieu et des hommes. Ce jour-là, je sus au moins que je ne savais pas. Il n'y eut aucun reproche, aucune note en rouge dans la marge. L'aumônier me demanda seulement si j'avais lu Renan (ce qui n'était pas le cas). J'éprouvai alors une curiosité intense, l'envie d'une recherche. La biographie du père Damien me « travaillait ». Une inspiration dérangeante me répétait : « Ce sera cela, ta vie ! » Je rejetais cette obsession qui m'aspirait malgré moi. « Non, je serai explorateur... Je voyagerai. »

Est-ce que je priais durant mes années de jeunesse ? Avec d'autres, oui, peut-être ! Au cours des messes ou des veillées dans les camps scouts, c'est probable. mais je soupçonne ma prière d'avoir été intéressée : « Mon Dieu, faites que je réussisse à la composition d'allemand... Mon Dieu, faites que je ne me fasse pas engueuler... Mon Dieu, faites que celle que j'aime m'aime aussi ! » Tout cela n'était que prières païennes.

> « *Si nous avions tant soit peu de piété, un Dieu qui guérit notre rhume en temps voulu ou qui nous fait monter dans la voiture au moment précis où l'averse se met à tomber devrait nous paraître un Dieu postier, un Dieu d'almanach...* » (Nietzsche)

Un de mes aumôniers scouts me demanda de venir lui servir la messe le matin. Je ne sais plus combien de temps je suis resté fidèle à ces moments qui furent certainement de beaux rendez-vous avec le Dieu qui Se donne. « Voici Mon Corps livré pour vous... » Il me fallait souvent attendre dix à vingt minutes dehors dans le noir et le froid. Je regrette que personne ne m'ait aidé à comprendre le sens de la messe. Tout se passait comme si seul importait le geste formel, parfois bizarre, qu'il fallait accomplir de temps en temps : déplacer le livre, retirer le voile du calice et le changer de côté en croisant les mains, comme pour un tour de magie. Je n'étais pas l'intime de Dieu, j'étais Son sacristain ! Ce que je préférais, c'était la lecture finale du début de l'Évangile de Jean. Même en latin, j'en attrapais quelques bribes : « *In principio erat verbum* » : « Au commencement était le verbe. » Le verbe : la parole, la relation.

Un enfant débarque dans un monde dont il ignore les règles du jeu. Certaines de ces règles sont bonnes. D'autres le sont moins. L'enfant risque d'adopter des lois figées qui étouffent en lui des aspirations authentiques, porteuses d'avenir. Il les fait siennes parce que ses parents réclament cette obéissance en échange de leur sollicitude, parce que ses professeurs demandent cette adhésion en échange de leur estime et de leurs notes gratifiantes. Un conflit peut s'ensuivre entre les garants de l'Ordre passé et une sève porteuse de vie. Un conflit de générations est signe d'un combat entre des habitudes anciennes et des valeurs nouvelles, chances pour le futur. La sève des arbres circule sous les structures solides du bois. Sève ardente et canaux rigides travaillent ensemble pour la gloire de l'arbre : ses fruits. Le Christ eut à pâtir des lois figées, canaux que la vie a désertés : sabbats inventés pour le bien de l'homme et qui en viennent parfois à le mutiler. Si le Christ m'a séduit si fort, c'est parce qu'Il me rejoignait au cœur de cette réalité. N'était-Il pas le rebelle qui s'indigne et se dresse contre tout ce qui limite, brime, rétrécit, empêche l'amour ?

La foi m'a été transmise d'abord comme une noix verte. J'ai mordu par erreur dans l'écorce amère. J'ai dégagé la coquille et m'y suis cassé les dents. La brisant entre deux pierres, j'ai enfin trouvé une amande. Aujourd'hui, je rencontre chaque semaine des personnes qui ont un compte à régler avec *la religion,* je me dis qu'elles en sont peut-être à l'écorce. La dureté de la coquille et le charme incomparable de l'amande ont coexisté et coexistent encore dans ma tête. Mon rapport à la foi était un nœud de contradictions. Une part de moi-même était en rébellion contre la religion établie que je percevais comme une sclérose, une simplification infantilisante. Une autre part était branchée sur un filon poétique et mystique, souvent en dehors de l'influence de l'Église. J'écrivais des poèmes dont Dieu était le personnage principal. Dieu était l'âme de la vie. Il soufflait dans le vent, j'aimais le vent. Lorsque je plongeais dans les vagues, je me plongeais en Dieu. Les nuits étoilées ou les nuits de pleine lune, c'était encore Lui. Il semblait me dire : « Je suis la Totalité, l'Origine, l'Infini. »

On me dit : « Vous avez trouvé la foi dans votre berceau. » N'était-ce pas plutôt une contrefaçon de Dieu que j'y ai trouvée ? Il est peut-être plus simple de passer de l'athéisme à la foi que de passer d'une caricature à une vision authentique de Dieu. C'est plutôt, comme je l'avais déjà pressenti, vers l'hindouisme ou le panthéisme que je risquais de m'orienter. Je n'en finis pas de retrouver au fond de mon subconscient le dieu punisseur, complice de la mort. Et je ne suis pas le seul ! Cette image d'un dieu porteur d'angoisse est une constante dans l'humanité ! La Bible raconte que nos premiers parents, au début de l'aventure humaine, se sont laissé entraîner par un discours trompeur. « N'écoutez pas Dieu. Ce qu'Il vous propose n'est pas votre bonheur » (d'après Gn 3). Le Dieu de la Bible n'est pour rien dans ces images invraisemblables que nous nous sommes faites à Son sujet. Il en fut la première victime. Même les prophètes qui parlent en Son Nom se cassent les dents devant l'aveuglement et la bêtise des hommes.

Vous aurez beau regarder, vous ne verrez pas.
L'esprit de ce peuple s'est épaissi :
ils se sont bouché les oreilles...

Ce texte d'Isaïe que Paul cite au milieu des communautés juives de Rome me fait penser à une chanson de Brel :

Ainsi certain jour paraît
une flamme en nos cœurs,
mais nous ne voulons jamais
laisser luire ses lueurs.
Nous nous bouchons les oreilles
et nous nous fermons les yeux.
Nous n'aimons pas les réveils
de notre cœur déjà vieux !

Si nous ne cherchons pas sans cesse à « redevenir comme des petits enfants », notre pensée se durcit. Ceux qui ont souffert d'un dieu *culpabilisant* en transmettent à leur tour l'image à leurs enfants. La rencontre de Dieu dans nos vies se réalise par de multiples rendez-vous, plusieurs touches discrètes : des *clins Dieu !*

Ce sont très probablement les sacrements qui m'ont greffé directement au Christ ressuscité. Mais l'influx vital de ces théophanies s'est effectué sans que j'en prenne conscience. Une transfusion sur un blessé, même inconscient, le remet sur pied plus sûrement qu'une boîte de chocolats.

La religion inculquée au catéchisme m'orientait vers un moralisme desséchant. Si tout avait été négatif, je me serais sans doute verrouillé contre cette imposture. Mais du bon grain était tombé dans cette ivraie. Même si je ne comprenais rien aux chants latins, j'aimais cette atmosphère de sacré et d'adoration. J'aimais entendre le peuple basque chanter à en faire crouler les murs de l'église de Saint-Jean-de-Luz, riche d'ombre, de dorures et de cierges. J'aimais les dimanches, ces jours sans livres, sans cahiers, sans mauvaises notes ! J'aimais retrouver à la sortie de la messe mes amies, tellement plus belles encore ce jour-là...

Il ne me faut pas être trop sévère à propos de la catéchèse de mon enfance. Si un adulte parle pendant une heure du paradis et durant trois minutes de l'enfer, il se peut que l'enfant ne retienne que les propos sur l'enfer. Il faudrait toujours contrôler ce qu'un enfant a cru comprendre. Mais, tout de même, je ne suis pas le seul de cette génération à avoir entendu davantage : « Jésus déteste le péché et nous invite à le détester » que « Jésus aime et nous invite à aimer ». Aujourd'hui nous comprenons mieux qu'il n'y a que l'amour qui sauve, « Il vaut mieux allumer une chandelle plutôt que de maudire l'obscurité » (Confucius). Une « gaffe » de ma part a assombri de tristesse le jour de ma communion solennelle à l'âge de onze ans. Mes parents m'avaient remis une trentaine d'images. Je supposais que c'était pour les distribuer à mes camarades. J'ai tout donné. Il n'en restait plus pour la famille. La mémoire est un filtre terrible. Le chagrin de décevoir mes parents a totalement submergé la joie de recevoir le Christ.

Le grand mystère de notre vie est celui de notre origine. Le mot *mystère* ne signifie pas *impossible à comprendre,* mais au contraire *source illimitée d'initiation.* Nous portons tous une cicatrice au milieu du ventre. Un cordon nous a liés pendant neuf mois à une femme qui nous a *portés en elle.* Ne cachons-nous pas au fond de l'âme une autre cicatrice, une autre blessure ? N'y a-t-il pas en nous la trace d'un lien nous rattachant à Celui que nous nommons *Dieu* ? La vie de tout homme recommence l'aventure d'Adam et Ève. Séduits par un *esprit faussé* qui veut nous faire rater notre existence, nous oublions le lien de notre filiation divine. Nous voulons bien être *divinisés,* mais sans Lui, loin de Lui. Au lieu d'admettre paisiblement, humblement, nos limites, nous rêvons d'un état de perfection impossible. Il serait si simple de penser : Heureuses limites qui nous valent un Dieu tellement merveilleux ! Pour échapper à la honte d'exister si mal, nous nous mentons à nous-mêmes. Si nous ne sommes pas valables à nos propres yeux ou aux yeux des autres, nous jouons un personnage. Seul l'amour vrai, purifié, pourrait volatiliser cette momie. L'amour seul nous rendrait à nous-mêmes. Il serait un *permis d'exister.* Mais nous ne sommes pas les créateurs de l'amour. L'amour est une grâce. Il se reçoit comme un cadeau. Il se donne lorsque nous cessons de lui faire opposition.

La Foi, elle aussi, ne s'acquiert ni à la force des poignets ni dans la précipitation. Elle est un don de Dieu qui nécessite de notre part une confiance, un accueil. Dieu vient à nous en épousant les limites de notre intelligence. La divinisation est une aventure qui prend notre instinct à rebrousse-poil. Notre sensibilité nous invite à nous dépêcher, et il s'agit d'être patient. Elle nous invite à nous construire par nous-mêmes, et il faudrait *se recevoir* d'un Autre, s'en remettre à Lui.

Dans une lettre que j'adressais à une amie, à dix-sept ans, je retrouve un pessimisme qui est le propre de cet âge et la marque d'une époque :

> « Mieux vaut aller au fond des choses que de se laisser distraire ! Je suis tourmenté et j'alimente mon tourment avec de la littérature

noire. Ce n'est pas le bonheur qui m'intéresse, c'est la vérité ! Et si la vérité était triste ? Je préfère une vérité triste à un mensonge rassurant. Je ressens une sorte d'angoisse devant l'absurdité de la vie.

Le problème capital pour moi est celui-ci : la compréhension entre les humains est-elle possible ? Peut-on éviter de faire mal à ceux qu'on aime ? Peut-on apporter un peu de joie à ceux qui sont malheureux ? »

Ce qui me surprend en relisant ces lignes, c'est le parti pris dans lequel je m'enfermais. J'avais décidé que le monde était tel que je le voyais, tel que je le ressentais. Si je faisais part de mes pensées désolées, c'était presque toujours à des êtres aussi perdus que moi. Les autres m'écoutaient avec une ironie qui aurait pu me guérir. Mais je ne comprenais pas l'ironie.

Le plus gros obstacle à ma découverte de Dieu était la perception que j'avais de moi. Comment aimer son Créateur si on ne s'aime pas soi-même ? Aujourd'hui il m'est facile de comprendre ce qui m'est arrivé. Satan s'intéresse à nous, immensément. Il vient dans nos vies, incognito comme Dieu, sans laisser d'autre carte de visite que le dégoût de soi ou l'esprit de cynisme ou de vengeance. Les traces de son passage sont l'envers exact des traces de l'Esprit. « Haine, tristesse, guerre, impatience, méchanceté, malveillance, méfiance dans les autres, cruauté, anarchie des émotions » (d'après Ga, 5, 22). Satan dans la Bible est nommé l'accusateur. Il ne cesse, en effet, de dénigrer ce qui est noble, de salir ce qui est pur, de rapetisser ce qui est grand. « Tu crois que ton serviteur Job T'aime ? Allons donc, il agit par intérêt ! Laisse-moi toucher à ses biens, à ses enfants, à sa santé ! Tu verras comme il te maudira ! » (Jb, 2).

J'aimais le cinéma à la folie. Je retournai trois fois voir *Les Visiteurs du soir.* Certaines séquences se gravèrent en moi. Durant la réception au château, le prince noir qui incarne Satan invite l'assemblée festoyante à rire. Tout le monde rit, en effet. Et là, brusquement, Jules Berry (Satan) s'étonne de ce rire et annonce qu'en ce moment même il se passe des choses terribles. En effet Gilles (Alain Cuny), ambassadeur de Satan, vient d'être converti à l'amour humain. Pour cette insubordination, il subit la torture. Dans une autre scène, Satan casse un vase rempli de fleurs. Les fleurs se changent en serpents et Satan exulte : « La guerre, c'est moi ! Le malheur, la violence, c'est moi. La maladie, la mort, c'est moi ! » — je cite de mémoire. À la fin du film, les amants sont changés par Satan en statues de pierre. Leurs cœurs continuent de battre ! Satan devient fou de rage. Il fouette les statues avec acharnement. L'amour est plus fort que la mort. Chaque coup de fouet gravait en moi cette certitude.

Après chaque film, j'écrivais des pages et des pages. Le cinéma avait le don de me faire accoucher de pensées qui se pressaient mystérieusement dans ma tête. Étant allé voir un film avec ma mère, j'avais une envie folle de lui dire tout ce qui bouillonnait en moi. Ses propos ne dépassaient pas le plan du jeu des acteurs. Pour moi, ce film n'était pas de la fiction. Cela m'était égal de savoir si Pierre Fresnay (ou un autre !) avait joué correctement le rôle d'Henri Dunant ; c'est Dunant qui m'intéressait, pas l'acteur. On s'intéressait à Fresnay, pensais-je, pour oublier le cri de Dunant. Ce qui était inouï, c'est qu'une telle âme ait existé. Comment devient-on Henri Dunant ? Moins je voyais l'acteur, plus je voyais ce miracle d'amour qu'Henri Dunant avait accompli !

Il y avait un professeur de français, en seconde, que nous nommions Emma. C'était un passionné de Flaubert. Mon frère Alain et moi, nous nous amusions à imiter sa voix, lorsqu'il nous lisait des passages de *Madame Bovary* : « Ce souvenir de Léon fut comme le centre de son ennui. Il y pétillait plus fort que dans une steppe de Russie, un feu de voyageurs abandonné sur la neige. » Le ton théâtral qu'il prenait pour lire ce texte nous en soulignait la beauté.

Musique, cinéma, littérature, tout ce qui exaltait la vie me conduisait souvent à Dieu plus sûrement que les concepts du catéchisme. Mon âme impatiente et sauvage y trouvait sa nourriture. Le catéchisme était une armoire pour ranger les dogmes. Ce n'était pas *le sel de la terre*.

6

QUEL SENS DONNER À MA VIE ?

Rêver un impossible rêve...
Aimer jusqu'à la déchirure
Aimer même trop, même mal
Tenter sans force et sans armure
D'atteindre l'inaccessible étoile...

BREL (« La Quête »)...

Deux années de philosophie réveillèrent ma soif de connaissances. Je me passionnai pour cette discipline. Quinze jours après la rentrée scolaire, le professeur lut à haute voix une dissertation de mon cru. Le sujet en était : « Qu'est-ce que la vérité ? » L'estime qui me fut accordée pour ce travail fut décisive. Le regard de ce professeur me galvanisa. Je me mis enfin à aller en classe avec plaisir. Je commençai à dévorer les ouvrages scolaires avec passion. Ma paresse m'avait valu durant les années passées le discrédit de mon entourage. Alors, je me lançai dans la boulimie du savoir pour rattraper le temps perdu. Les cours avaient des titres ronflants : « Psychologie du comportement. Les motivations de la conduite. Sentiments et passions. L'acte de juger. La croyance et le doute. La pensée conceptuelle. Le problème de la connaissance. Le problème de la liberté... »

C'était le plus souvent un survol très rapide des maîtres du passé : Descartes, Spinoza, Malebranche,

Kant, Maine de Biran. Philosophes en herbe, nous étions des nains de dix-huit ans perchés sur les épaules de géants.

Je ne me couchais jamais avant minuit. J'étais réveillé plusieurs fois durant mon sommeil par des intuitions qui me semblaient fulgurantes. Je les notais, dans l'obscurité, sur des cahiers. Mes résultats au bac furent excellents en philosophie, mais désastreux en maths, en allemand et en physique-chimie. Je passai les vacances à *bûcher* et je fus recalé à nouveau en octobre pour les mêmes raisons. Je me réjouissais : « Chic, une année de philo en plus ! Youpee, je prolonge ma jeunesse d'un an ! » Mon cerveau, lui, souffrit certainement de cette suralimentation.

La philosophie, comme toute réalité, avait deux visages. Il y avait les Systèmes, qui cherchent à expliquer le réel. Un Marx, un Freud, un Sartre inventent une clef pour ouvrir le monde. Mais ils ont d'abord transformé le monde en serrure. Que de temps passé à déchiffrer des langages codés qui prétendaient tout expliquer ! L'autre visage, c'était le questionnement, l'interrogation, l'étonnement comme le fait un petit enfant qui explore la maison à quatre pattes et, tour à tour, se cogne, s'étonne ou s'émerveille et demande : *« Et ça, à quoi ça sert ? », « Et ça, c'est quoi ? »*

Les cours de psychologie n'allaient pas très loin. Le psychisme humain était encore terre inconnue. Freud était mort en 1939, mais ses théories avaient davantage d'adversaires que d'adeptes. Faire des *fouilles archéologiques* dans son passé n'avait, disait-on, d'utilité que pour les *névrosés,* les *détraqués,* en un mot les *fous* !

J'aimais tellement la vie ! Il m'était indispensable de reconnaître les mystères qu'elle recèle. Philosophie, Poésie et Religion ne faisaient qu'un à mes yeux. Il y avait certainement une clef pour comprendre l'existence, mais pourquoi inventer des systèmes ? Il s'agissait d'apprendre à regarder, d'apprendre à *lire.* Il s'agissait d'être attentif. Le réel n'était pas dans les certitudes des philosophes, il était dans la quête des hommes, leur observation têtue, leurs tourments, leurs questions, leurs joies.

Un jour, dans une conversation, un camarade m'avait demandé : « Si tu devais emporter un livre, un seul, pour un séjour d'un an sur une île déserte, lequel choisirais-tu ? » J'avais aussitôt répondu : « J'emporterais des pages blanches pour en écrire un. »

Un prêtre de l'école, Victor Bogros, mon ancien aumônier scout, rassemblait quelques jeunes et quelques adultes pour un club de lecture. Nous nous retrouvions à six ou sept, le soir, après avoir lu un livre et nous échangions nos convictions, à bâtons rompus. À travers *La Puissance et la Gloire* de Greene, *L'Épée de feu* de Daniel-Rops, *La Reine morte* de Montherlant, *La Peste* de Camus, *La Condition humaine* de Malraux, le père Victor Bogros, d'une rare profondeur, avait l'art de poser les questions essentielles sans jamais nous imposer sa vision du monde. Son bureau était tapissé des photos des jeunes avec lesquels il avait créé des liens. L'ensemble était recouvert d'une épaisse plaque de verre. J'étais impressionné devant une paternité spirituelle aussi étendue. Nous nous trouvions soudés entre nous par le lien qui nous unissait à lui. Il avait l'étoffe d'un maître spirituel.

Lorsque nous parlions ensemble de « *Bogros* », notre voix se faisait grave et nos propos soudain se chargeaient de silences.

L'Église, dont mes auteurs préférés parlaient comme d'un frigorifique pour produits congelés, où était-elle : dans les manuels d'histoire ou dans le visage si profondément humain de ce prêtre ?

Peut-être est-ce à lui que je dois la chance d'être passé d'un dieu de vengeance à un Dieu de pardon, d'un dieu de censure à un Dieu de liberté, d'un dieu garde-fou à un Dieu de risque, d'un dieu congelé à un Dieu imprévisible, d'un dieu ennemi de la vie à un Dieu qui multiplie par cent la saveur de la vie !

À dix-neuf ans, je quittai l'Auvergne pour travailler à Paris dans une fonderie. Paris était, à mes yeux, le lieu de passage et de rendez-vous des esprits exigeants et des cœurs aventureux. N'était-ce pas à Paris qu'on éditait les livres ? Ce fut le coup de foudre. Paris ! Paris avec ses marronniers d'automne, ses parcs, sa cathédrale Notre-Dame. Je traînais mes sandales sur les quais, au milieu des peintres de la Butte Montmartre, le long des Grands Boulevards, au Quartier latin. Il m'arrivait de traverser la ville à pied, le jour ou la nuit, du nord au sud et d'est en ouest. L'aventure était omniprésente. J'étais hébergé chez les parents d'une amie, dans une chambre minuscule, sous les toits de Passy. Je partais vers la fonderie de Charonne à sept heures du matin. Je pointais à huit heures moins dix. L'odeur âcre du métro, ces foules, ces visages rendus si graves par leur silence ; cela me remplissait le cœur d'une sollicitude immense envers mes frères humains !

Ces trois mois à Paris furent riches de rencontres et de découvertes. Le soir, je suivais les cours de mon redoublement *par correspondance.* Le professeur, bon prince, avait accepté ce système. Que signifiait l'impulsion quasi irrésistible qui me poussait à être embauché comme manœuvre ? Elle exprimait une solidarité avec cette part d'humanité dont je ne savais rien, dont je pressentais qu'elle était privée de dignité, de considération, de culture. À la fonderie où je pointais le matin, le bruit était effrayant. De cette époque date pour moi une fragilité de l'audition, un malaise lorsqu'une seconde conversation s'installe auprès de moi !

Le travail consistait à donner une forme à des armatures pour des moules de moteurs. On passait des fils de fer entre des clous plantés sur une planche pour leur donner la forme voulue. Je m'aperçus que je pouvais en faire deux ou trois à la fois. Je passai pour un traître d'accélérer ainsi la cadence : « Sache que le bon principo, c'est d'aller lentement pour pas se fouler. » La condition des manœuvres n'était pas enviable. Je ne saisissais pas bien pourquoi, en ce monde déjà si exploité, régnaient encore des hiérarchies et des exclusions. Les vexations envers les immigrés, aux douches à la fin du travail, étaient particulièrement répugnantes. Un Kabyle, manœuvre avec moi, me parlait de Dieu comme d'une évidence. « Y en a, y croient pas le Dieu. Y z'ont jamais rien vu ou quoi ? Si tu vois le veau qui tète la vache, tu crois le Dieu ! » Ce garçon était une fenêtre ouverte sur cet horizon que je recherchais sans oser me le dire.

Un matin, j'appris par une affiche que Virgil Gheorghiu, l'auteur de *La Vingt-Cinquième Heure,* donnait une conférence. C'était le jour même. J'allai acheter le livre et le lus d'une traite. À la fin de ma lecture, j'étais dans un état second. Je pris le métro pour me rendre à la conférence. Après avoir fait poinçonner mon ticket, je revins vers le poinçonneur en lui disant : « Pardon, monsieur, j'ai oublié de vous présenter mon ticket ! » Il rit et me fit remarquer que mon ticket était passé entre ses mains une minute plus tôt ! « Alors, c'est parce que j'ai oublié de vous dire bonsoir ! » dis-je éberlué. Cette inattention fut pour moi comme une illustration du livre que je venais de dévorer : le monde moderne s'intéresse aux masses, on y oublie les visages. Le message de Gheorghiu, accompagné de celui de Gabriel Marcel le soir même, redoubla cette conviction.

Le premier janvier je rentrai à Clermont-Ferrand en auto-stop. Cette année-là, j'eus le privilège pour la première fois d'avoir une chambre à moi. Jusque-là je partageais ma chambre avec mon plus jeune frère. Je recevais cela comme un cadeau. C'était une chambre sous un toit, toute petite, avec une lucarne. Le plafond, assez bas, laissait saillir une poutre. J'y suspendais ma guitare. Chaque fois que le vent soufflait, il entrait en vibration avec les cordes. Mon cœur aussi vibrait, ô combien ! Souvent, je prenais mon sac de couchage en laine kaki (des surplus de l'armée américaine) et j'allais dormir sur le toit. J'aimais, plus que tout, le ciel rempli d'étoiles. Leur éclat avait mis des centaines, des milliers, des millions d'années-lumière pour nous parvenir. Allongé sur les ardoises, je m'enivrais de l'infini.

Les deux trimestres, au lycée Blaise-Pascal, furent l'occasion de m'enchanter de l'intelligence de mon professeur de philo. Sur le terrain religieux, il exposait volontiers les propos décapants des maîtres du soupçon : « La religion est un nid à névroses, un abri pour compenser les échecs, sublimer les frustrations... Les chrétiens sont résignés et par conséquent peu enclins à analyser les causes des malheurs des hommes. »

Je me voulais lucide avant tout. Je me jetai avec une curiosité passionnée dans les ouvrages philosophiques à la mode : *Le Mythe de Sisyphe, L'Homme révolté* de Camus, le théâtre d'Anouilh, les romans de Malraux, *Par-delà le bien et le mal* de Nietzsche, *La Nausée, L'Être et le Néant* de Sartre... Je passais des heures à la bibliothèque municipale, où régnait un silence monacal. Ces lectures étaient un vin trop fort. L'humanisme de Camus semblait grandir l'homme : « Montrons à Dieu, s'Il existe, montrons-Lui par la dignité de nos vies que nous n'avons pas mérité un sort pareil ! » (je cite de mémoire). La raison passait tout à son crible. L'homme s'arrogeait le pouvoir de décider du bien et du mal. En développant la faculté d'analyse, la pensée s'éloignait de l'Espérance.

André Malraux, quant à lui, nous assoiffait de transcendance, mais en même temps il semblait barrer les chemins vers Dieu. Les réponses religieuses étaient pour lui disqualifiées. L'Éternité était éparse, par bribes, dans l'érotisme, l'art, les civilisations englouties, la fraternité !

Sur quoi fonder l'homme ? Les réponses religieuses étaient suspectes de moralisme culpabilisant et de tiédeur. Beaucoup parmi mes camarades reprenaient le même *leitmotiv* : « L'hypothèse Dieu ? C'est trop facile ! » Comme si la difficulté était un critère de vérité. Cela me fait rire aujourd'hui. J'imagine le capitaine à qui la vigie signale un phare dans la nuit. Et le voilà répétant : « Ah non ! Ce serait trop facile ! » Hors de la foi, c'est le règne de la mort qui « en définitive gagne toutes les batailles » (Staline). Comme on s'abandonnait vite à ce pouvoir de la mort qui viendrait apposer la conclusion : « Rien » à chacune de nos vies !

Pourquoi étions-nous si nombreux de cette génération à croire que la vérité se devait d'être triste ? Pourquoi un tel discrédit sur ce qu'Anouilh appelait le « sale bonheur » ? Nous mettions Dieu à la porte et nous nous délections de ne plus retrouver la joie. Cela avait un petit côté Hamlet... Le mot *enthousiasme* est un écrin qui contient le mot Dieu (« Être inspiré par la divinité » dit le dictionnaire). S'enthousiasmer, c'est ressentir un toucher de l'Être. « Celui qui ne croit plus en l'Être ne croit plus en sa propre existence » (Claudel).

J'étais avide de comprendre les secrets de nos origines et de notre finalité. Cette vie, que signifie-t-elle ? Les *Pensées d'un biologiste,* de Jean Rostand, me marquèrent profondément. Il livrait le constat amer du non-sens de l'existence.

> *L'homme est un miracle sans intérêt... L'affreux en mourant, c'est de disparaître sans avoir compris. Un Dieu ? Je n'en demande pas tant, mais seulement que nous ne soyons pas un morceau de boue plus compliqué ; que l'esprit ne soit pas une vaine prouesse de la matière ; qu'il y ait peut-être une sorte de vague quelque chose... N'y a-t-il donc rien entre l'horreur et le conte de fées ?*
> *Nulle part l'homme ne trouve un écho à ses*

exigences spirituelles. Le monde qui l'entoure ne lui propose que le spectacle d'un morne et stérile charnier où éclatent le triomphe de la force brute, le dédain de la souffrance, l'indifférence aux individus, aux groupes, aux espèces, à la vie.
Ceux qui croient en Dieu y pensent-ils aussi passionnément que nous, qui n'y croyons pas, à son absence ?

Je me sentais frère des incroyants par l'intensité de leur questionnement. Peut-être avais-je envie de ne pas croire pour pouvoir penser plus passionnément à Dieu ! Un être jeune est allergique à ce qui est prévisible, établi, convenu, sans surprise. Le Dieu que rejetaient les incroyants n'était pas Celui que Teilhard de Chardin me fit découvrir beaucoup plus tard. Ce n'était pas le Grand Amoureux, constamment penché sur sa créature, la travaillant de l'intérieur pour qu'elle s'ouvre à la lumière. C'était le dieu divinisant la souffrance. Ce n'était pas le Christ de l'Ascension remettant la Toute-Puissance de Sa tendresse entre nos mains. C'était un dieu figé devant son miroir, y contemplant sa gloire.

J'aimais Gide pour sa ferveur d'exister et sa sincérité. Il nous détournait de la morale.

... Commandements de Dieu, vous avez endolori mon âme. Commandements de Dieu, serez-vous dix ou vingt ?
Jusqu'où rétrécirez-vous nos limites ?
Enseignerez-vous qu'il y a toujours plus de choses défendues ? De nouveaux châtiments promis à la soif
de tout ce que j'aurai trouvé beau sur la terre ?

Commandements de Dieu, vous avez rendu malade mon âme,
Vous avez entouré de murs les seules eaux pour me désaltérer.

Le Camus de *La Peste* refusant d'aimer une création où des enfants sont torturés, le Sartre des *Mouches* pour qui l'homme n'est plus libre si Dieu existe, le Nietzsche de *Zarathoustra* qui remplace un dolorisme désuet par un grand souffle, voilà les repères que l'on nous offrait.

Camus nous orientait vers la révolte. Une part de moi faisait profession d'athéisme, une autre aspirait de toutes ses forces à une *Révélation.* Il y avait peut-être autant de charge religieuse dans ma révolte que dans ma soif. Mon rejet s'adressait à une *caricature* de Dieu. J'ai mis longtemps avant de comprendre qu'une certaine image de Dieu (Grand Horloger, Ingénieur du Monde...) engendre inévitablement l'insoluble *problème du Mal.* Les contrefaçons de Dieu portent en germe l'athéisme comme le nuage porte la pluie. Les auteurs proposés au *programme* de la classe de philosophie avaient presque tous un compte à régler avec la foi. Ils avaient un autre point commun : leur obsession à parler de Dieu. Dieu S'est retiré partiellement du monde. Il a laissé à des libertés humaines le soin de conduire la Création à son terme. Nous accusons de non-assistance un Dieu qui n'a pas d'autres mains que les nôtres.

Le rapport que j'ai pu vivre avec les humanismes athées fut ambigu. D'une part, je vibrais à leurs dénonciations et prétendais ne rien vouloir que la vérité, fût-elle intolérable. D'autre part, je pressentais que, si Dieu existait, Il avait des droits sur moi et des exigences incontournables. Peut-être un jour me demanderait-Il de Lui donner ma vie...

Parfois, je passais de la tentation d'être athée à un athéisme militant. Comme le Goetz de Sartre, je jubilais : « Il n'existe pas. Joie, pleurs de joie ! Alleluia !... Plus de ciel. Plus d'enfer. Rien que la terre... Adieu les monstres, adieu les saints, adieu l'orgueil. Il n'y a que des hommes » (*Le Diable et le Bon Dieu*).

En fait, comme celui qui joue à se pendre, je jouais le jeu de l'athéisme. J'argumentais tout seul. Une page *contre*, une page *pour*.

La page *contre* d'abord : Dieu, s'Il existait, serait terriblement dérangeant. Nous ne serions plus maîtres à bord. L'athéisme nous rend libres de nous inventer nous-mêmes. Sans Dieu, il n'y a plus de Loi au-dessus de nous. Il n'y a plus de culpabilité. Nous sommes lavés de tout soupçon. C'est tellement cruel d'être toujours *coupables !*

Mais en contrepartie, la page *pour :* dans un univers *nettoyé* de Dieu, que signifie l'aventure de la vie ? Nous avons été déposés, sans préavis et sans consultations, sur un vaisseau-planète, dans l'océan de l'espace. Nous interrogeons : « Qui nous a inventés ? À quoi rime ce voyage ? Où allons-nous ? Où est le but ? Quel est le sens de cette mise en scène ? » Aucune réponse satisfaisante ne s'offre à nos questions. Il faut courageusement, lucidement, froidement aménager la vie à bord. Le port vers lequel nous naviguons s'appelle la mort. Et la mort sera bientôt la disparition de tout, la fin, pour celui qui meurt, de ce qui l'a tant passionné et à quoi il n'aura rien compris !

Les penseurs athées tenaient en ce temps-là le haut du pavé de la culture. Le mot *athée* était toujours associé à celui d'humaniste. Les chrétiens, eux, étaient accusés d'avoir manqué d'humanisme. C'était même, parfois, le signe distinctif de leur témoignage. On reconnaissait un chrétien à son air coincé, culpabilisé, pris entre la tristesse du péché qu'il vient de commettre et la crainte de celui qu'il ne tardera pas à accomplir ! On nous disait qu'à chaque péché les clous s'enfonçaient dans les mains de Jésus.

Le Christ que je croyais connaître était perçu comme un souffre-douleur : « Si quelqu'un veut venir à Ma suite, qu'il se renie lui-même, qu'il se charge de sa croix et qu'il Me suive » (Mt 16, 24). Les pages de l'Évangile, toutes crues, entendues au premier degré, étaient indigestes. « Se renier soi-même ! » Fallait-il donc se détester ? Je n'y parvenais que trop ! « Si ton œil te porte au mal, arrache-le. » Quel crédit accorder à une morale aussi excessive ?

À l'envers des propos du Nouveau Testament, on disait au sujet des chrétiens : « Regardez comme ils n'aiment pas ! » Ma vraie religion, c'était l'être humain. Le problème du mal rendait la foi difficile. Sans doute était-il mal posé ! Lorsqu'on présentait Dieu comme Père et comme *Tout-Puissant,* on créait une contradiction. Si Dieu était l'un, comment pouvait-Il être l'autre ? Pourquoi aurait-Il inventé la peste, la tuberculose, les virus, la mort des petits enfants ? Pourquoi aurait-Il créé un monde où les espèces les plus fortes auraient pour nourriture nécessaire, incontournable, les espèces les plus faibles ?

Pardonnez-moi de le redire encore : je ne peux pas, je n'ai jamais pu et je ne pourrai jamais m'habituer à ce mystère : j'existe... tu existes. Il y a en moi, en toi, un *je* unique qui inscrit en ce monde sa trace originale et imprévisible. Pourquoi l'être m'a-t-il été donné ? Pourquoi à moi ? Il y a des milliards de milliards d'existences possibles qui ne verront jamais le jour ; alors, pourquoi moi ? Rien n'est plus fortuit qu'une naissance. Ils étaient quinze millions, les spermatozoïdes paternels lorsqu'ils partirent tout frétillants à l'assaut d'un ovule de ma mère. Un autre eût-il gagné la course, et ce n'était pas moi qui venais au monde, mais un être totalement différent de moi. « Jamais les hommes ne sauront assez la contingence de leur personne, et à combien peu ils doivent de n'être pas ce qu'ils méprisent » (Jean Rostand). Ce mystère de notre origine est troublant. Chaque être humain est le sujet d'une histoire unique.

Croire que l'on va trouver la signification de la vie au bout d'un microscope ou d'une lunette astronomique est une plaisanterie. Analysez les larmes d'une femme qui pèle ses oignons, comparez le résultat à l'examen d'autres larmes qu'elle a versées à la mort de son mari et essayez de découvrir la différence dans votre laboratoire ! Pauvreté de la science lorsqu'on lui assigne pour tâche la signification de l'univers.

Qui nous a créés si grands sinon Quelqu'un de plus grand ? Si nous n'étions faits que de matière, nous serions condamnés, comme elle, à l'usure et à la disparition. (La matière a eu un commencement ; la science elle-même est familiarisée à cette idée.) Qui supporterait que le dernier mot de l'aventure de sa vie soit : Rien ?

Les millions d'années où nos ancêtres avançaient à tâtons vers plus d'humanité !... rien ? Les défis incessants lancés pour survivre, l'invention laborieuse du silex taillé et du feu ! rien ? La lutte pour la survie pied à pied contre le froid, la peste, la famine ! Les longues marches des peuples vers la liberté, la solidarité, la fraternité ! rien ? L'insurrection contre la barbarie au risque de la torture ! rien ? Les cris de bonheur dans les bras d'un être aimé ! rien ? La joie d'une jeune maman dont le bébé répond à son sourire ! rien ? Que célébrons-nous aux obsèques d'un être aimé : le départ de rien vers rien ?

À notre mort, que restera-t-il de nos combats et de nos amours ? Un jour, la planète, qui aura été le théâtre de tant de rencontres, d'amitiés, de tendresses, de passions, de déchirements, de réconciliations, se sera refroidie. Il ne restera donc rien. En attendant, la mort est pour chacun la fin du monde. Le temps qui semble traîner en longueur jusqu'à ce que nous parvenions à l'âge de trente ans s'accélère par la suite. À soixante-dix ou quatre-vingts ans, il faut songer sérieusement à plier bagage. Les prouesses scientifiques auront beau nous donner un sursis, nous faire vivre jusqu'à cent vingt ans, dans quel état serons-nous ? Nous n'aurons pas réalisé le centième de nos rêves et la pièce sera déjà terminée. Rideau ! Nous rejoindrons les coulisses du néant sans avoir compris ni notre rôle, ni celui de nos compagnons. Nous partirons sans avoir su si la pièce avait ou non un Auteur. C'est trop délirant ! Cette absence d'explication est bien plus incroyable que tous les mystères de la religion réunis !

Avec le recul du temps, je crois comprendre ce qui m'arrivait. Lorsque le visage de Dieu était celui d'un *Grand Vivant, Créateur du ciel et de la terre,* je frémissais du désir de Le connaître. Lorsque Son visage était *censure, répression, condamnation, ennui, sacrifice,* j'appelais au secours les athées pour en finir avec cet épouvantail.

Il me faut dire ma gratitude envers les humanistes incroyants. Ils m'ont sauvé plus que la vie. J'avais trompé Dieu avec une image pervertie que je m'étais faite de Lui... Les athées me délivraient de ces caricatures. Ils barraient de ronces les chemins qui ne mènent pas à Dieu.

Plongez votre foi dans les bains acides de l'athéisme... Ce qui demeure a une chance d'être accordé à l'Évangile. Parfois, lorsque l'amalgame de peurs, de fausses images et de superstitions s'est retiré, il ne reste plus rien.

Marx m'apprenait que le « *dieu des nantis* » était le garant du désordre établi. Ce fétiche permettait aux riches de dormir sur leurs deux oreilles au cœur des injustices. Freud s'en prenait au dolorisme janséniste, au masochisme puritain, toute une surenchère de culpabilité et d'angoisse autour des désirs les plus naturels. Marx et Freud étaient scientifiques et froids. Nietzsche était poète. Il brûlait comme une lave incandescente. Il s'en prenait au dieu anti-vie, ennemi de la joie, de la terre, de l'homme. Il dénonçait un dieu qui accuse, rationne le bonheur. Il parlait le langage des prophètes.

Nietzsche rejetait le dieu ennemi de l'instinct, le dieu des jansénistes. Je haïssais la monotonie. Grâce à Nietzsche, l'existence pour moi reprenait son souffle d'aventure car mon milieu social avait embourgeoisé le christianisme.

Ils ne sont pas devenus des hommes, ces êtres terribles. À peine sont-ils nés qu'ils commencent déjà à mourir ! Il faudrait qu'ils me chantent des chants meilleurs pour que j'apprenne à croire à leur Sauveur ; il faudrait que ses disciples aient un air plus délivré !(Zarathoustra)

Le Dieu auquel Nietzsche s'attaquait n'avait jamais existé ; il était une construction de l'esprit humain qui empoisonnait l'air et le rendait irrespirable. En criant « Dieu est mort », le philosophe de Sils-Maria nettoyait l'univers. « Le Dieu déformé en contradiction de la vie, au lieu d'en être la transfiguration et le oui éternel » (*Antéchrist,* 18). Je me ralliais volontiers à Nietzsche pour dénoncer l'amour cauteleux, « fine fleur du ressentiment ».

Sartre s'imposait de plus en plus. Sa position exerçait un attrait formidable. Dieu, s'il existait, réduisait la liberté humaine à un simulacre. L'homme ne pouvait être libre que dans un monde sans Dieu.

L'athéisme d'un grand nombre de mes amis était agressif. Pour ceux-là, le christianisme avait gâché la fête des corps, semé des germes de péché et de culpabilité dans le royaume du désir. Concernant l'orgueil ou la cruauté, la non-assistance à personne en danger ou la délation, le jugement sur autrui ou l'indifférence, le racisme ou la bêtise, la conscience était paisible. Les bavures en temps de guerre, les morts inutiles, là, pas de problème ! « On ne fait pas d'omelette sans casser d'œufs ! » Dès qu'il s'agissait du désir et de ses balbutiements maladroits, les mots « péché mortel » et « enfer » faisaient tourner l'amour au tragique !

J'étais vulnérable aux discours de mes semblables sur des attitudes passées, pas très catholiques, de la part de chrétiens qui n'en avaient que le nom : l'Inquisition, certaines prédications de religieux en Amérique latine, les baptêmes de force des Indiens, les jubilations de tel templier escaladant des *montagnes de cadavres* durant les croisades, l'attitude à l'égard de Galilée et de quelques autres savants, au cours des siècles. Un enseignement aurait été nécessaire pour situer ces attitudes. Elles ne venaient pas du Christ ni de Son Évangile. Elles étaient la conséquence des limites humaines. Ce prix de notre liberté, Dieu le payait plus cher que nous sans doute !

Parmi mes amis, il y avait un poète de dix-huit ans, qui avait lancé le mouvement « Épiphaniste », à Clermont-Ferrand. La doctrine de cette *école littéraire* se résumait ainsi : « Libérer l'homme abêti de messes et de meetings. » J'aimais la virulence de ses *antipoèmes*.

Un éclat de silex
éveillant ton tympan de sourd
ouvrant tes yeux d'aveugle à la lumière
voilà quel est ce chant nouveau
qui jaillit de ma gorge de feu.
Geyser d'amour et de révolte
car tu comprends je n'en veux plus
des mots en pâte de guimauve
des cris qu'on étouffe...

Adieu les prières absurdes devant les statues de glace
Adieu l'homme en habit de Carnaval
maintenant je suis libre
je suis vierge

je sais encore chanter
mon chant c'est l'océan qui rompt ses digues
le soleil qui refuse la nuit
le coup de pied dans les vieux décors
ah ! mon frère des bons et des mauvais jours
pour quand ta vie
Au grand soleil des libertés ?

À peine sortie des acides décapants des athées, que restait-il de ma propre foi ? Plus grand-chose ! Mais le vide laissé par l'absence de Dieu bourdonnait de plus en plus dans ma tête. Arthur Rimbaud, Jean Rostand, Simone de Beauvoir, Jean Anouilh, Albert Camus, Jean-Paul Sartre, mes auteurs préférés, laissaient paraître une telle nostalgie, un tel tourment de Dieu ! Ils n'avaient que ce mot à la bouche : Dieu !

Mais ce n'est pas ce Dieu ennemi de l'homme qui a eu raison de mes doutes. J'aurais pu ruer dans les brancards du moralisme étroit, de l'esprit bourgeois, du puritanisme immature, du jansénisme rigide. Que de fois ai-je senti la voix de Nietzsche comme un appel à rompre toutes les amarres ! Une violence énorme se déclenchait en moi devant toute humiliation. Dans ma révolte contre les épouvantails de papier que nous avions faits de lui, Il était là !

J'étais d'ailleurs parfois saisi de flambées mystiques. Un texte écrit à dix-sept ans me le confirme :

« ... C'est Vous, Seigneur,
qui m'avez donné cette joie qui fait craquer mon cœur
à travers mon tourment,
cette espérance qui réveille mon âme

à travers les désastres.
C'est Vous, Seigneur,
qui m'avez donné votre Esprit
pour que, dans le morne voyage de la vie,
je marche vers une Étoile... »

Il m'arrivait de composer des poèmes dont la forme trahit l'influence des auteurs de ma scolarité. Je me risque à en donner un échantillon :

« Homme, écarte-toi de la pensée de Dieu
Recherche en toi la preuve de ta suffisance
Imagine ton bien qui est rêve d'un mieux
Tu trouveras toujours l'écho de Sa Présence.

Déplore donc l'absence d'un Dieu bon qu'on accuse
s'Il t'a abandonné en te donnant le jour
Garde-toi d'accepter ce que raison refuse
Mais où trouveras-tu le secret de l'amour ? [...]

Si tu sens un matin le dégoût de l'orgie
Et l'ennui de ta chair contre ce cœur qui bat,
Bondis vite, il est temps, réfléchis sur ta vie :
Dans ton écœurement, en larmes, Il était là !

Refuse, intellectuel orné des dix talents,
un Être supérieur par Qui tout fut formé,
Le rythme de la vague et la chanson du vent,
La ronde des saisons et le ciel étoilé.

Poète ou astronome, fonde-toi du hasard
Pour expliquer l'élan d'un si vaste univers.
Scientifique orgueilleux, remets donc à plus tard
la réponse au secret du monde que tu sers.

Pourquoi, obstinément, faire s'éloigner la Source ?
Oh ! très intelligent et trop bête à la fois !
Elle est là dans l'atome et derrière la Grande Ourse.
Nue devant l'insolent et lui tendant la Foi. »

Dans ma dix-septième année certains livres m'ont influencé sans que je puisse mesurer leur impact. *Augustin ou le maître est là,* de J. Malègue, *L'Épée de feu,* de Daniel-Rops, *Fontaine,* de Morgan, *Les Nourritures terrestres,* de Gide, *La Possession du monde,* de Duhamel.

L'auteur qui a eu sur moi la plus profonde et la plus durable influence est Antoine de Saint-Exupéry. Il fut un révélateur. Je ne l'ai découvert qu'à dix-neuf ans. J'ai tout aimé de lui : *Terre des hommes* m'entraînait vers le goût de mes frères humains à travers le monde. *Courrier Sud, Vol de nuit, Pilote de Guerre* soulignaient la fraternité de ceux qui se mesurent avec le danger dans une mission commune.

> *Celui-là seul comprendra ce qu'est un domaine qui lui aura sacrifié une part de soi et qui aura lutté pour le sauver et peiné pour l'embellir. Alors, lui viendra l'amour du domaine. Un domaine n'est pas la somme des intérêts, là est l'erreur. Il est la somme des dons* (Pilote de Guerre). *On meurt pour une cathédrale, non pour des pierres.* (Pilote de Guerre)

Le Petit Prince me donnait la saveur de l'amitié et de l'apprivoisement qui prépare la rencontre. Mais je fus surtout envoûté par *Citadelle,* livre au lyrisme biblique. Là, Saint-Exupéry répète comme une litanie que Dieu est Seul capable de rassembler les éléments disparates de notre vie et de leur donner un sens. Cet homme que certains qualifient d'agnostique en a jeté plus d'un à la trace de Dieu.

De nombreux passages de ses livres ont eu sur moi une influence durable ! « Faute de terrain favorable, faute de religion exigeante, les hommes se sont rendormis sans avoir cru en leur propre grandeur » (*Terre des hommes*). « Et je connus l'ennui qui est d'abord d'être privé de Dieu »...
« Apparais-moi, Seigneur, car tout est dur lorsque l'on perd le goût de Dieu » (*Citadelle*).

Souvent, ceux que nous disons incroyants sont porteurs d'une étonnante nostalgie du spirituel. Je pense à quelques poètes. Où trouver cri plus intense que dans ce poème d'Aragon ?

Nous étions faits pour être libres.
Nous étions faits pour être heureux.
[...]
On n'a tiré de sa jeunesse
que ce qu'on peut, et c'est bien peu.
Si c'est ma faute, eh bien ! qu'on laisse
ma mise à celui qui dit mieux.
Mais pourquoi faut-il qu'on s'y blesse ?
Qui donc a tué l'oiseau bleu ?

Tout mal, faut-il qu'on en accuse
l'âge qui vient, le cœur plus vieux...
Et ce n'est pas l'amour qui s'use
quand le plaisir a dit : Adieu,
Le soleil jamais ne refuse
la prière que font les yeux.
[...]

Ce que le ciel donne, qui l'ôte ?
Qui reprend ce qui vient des cieux ?
Messieurs, c'est ma faute ou la vôtre.
À qui c'est-il avantageux ?
Et si ce n'est pas nous la faute,
montrez-moi les meneurs du jeu... (« Elsa »)

Ah ! Comme je les cherchais, ces années-là, les *meneurs du jeu* ! Comme je souhaitais que la vie ne soit pas une pauvre farce entre le néant des origines et le néant des tombes ! La foi n'était pas au bout d'une investigation ; elle était au bout d'une stupeur, au bout d'un émerveillement. Elle était assise au banquet des amoureux, transparente dans le regard des enfants. Elle jaillissait sur la corolle des fleurs, ivres de soleil. Elle claquait dans le vent du large. Elle chantait et saignait dans le cœur des poètes. Mais elle passait loin des discours théoriques, elle fuyait l'odeur des sacristies. Le dieu à notre image, le dieu courroucé, dénicheur de coupables, était le plus grand obstacle à ma foi.

Je me grisais de propos anarchistes. Mais lorsque je contemplais la nuit, dans la clarté de la lune et le chant des grillons, comment ne pas douter de mon « athéisme » ? « Pourquoi y a-t-il de l'être plutôt que rien ? » À cette question, la plus fondamentale de toutes, y avait-il d'autre réponse que l'Ultime Réalité ? Le Créateur a-t-Il laissé un message concernant Sa création ? La souffrance était une énigme. Les réponses simplistes m'éloignaient de la solution.

Tous ceux de ma génération ont été secoués par les révélations de l'après-guerre. Quoi ! Ces soldats qui paradaient orgueilleusement dans les rues de Saint-Jean-de-Luz n'avaient pas seulement été les soldats d'une armée d'occupation. Ils avaient été les défenseurs d'un culte satanique ! Une idéologie née de l'esprit d'un possédé avait pris corps. Cette idéologie raciste n'était pas tombée par hasard dans le cerveau d'un fou. « Quand l'abstrait tue, il faut bien s'occuper de l'abstrait », disait Malraux. Nous n'avons pas su, tout de suite, à quel point des Français eux-mêmes avaient largement pactisé avec ce Mal.

J'ai traversé la guerre avec une angoisse sourde, masquée de désinvolture. Il nous arrivait de narguer l'occupant en chantant *Vous n'aurez pas l'Alsace et la Lorraine,* la nuit sous les fenêtres de la Kommandantur. Mais que comprenions-nous à treize ans de ce qui nous fut révélé, petit à petit, par la suite ?

J'ai entendu, récemment au théâtre, le résumé le plus saisissant de ces années où l'histoire basculait. Ces propos que Dieu, ou Son ombre, adresse à Sigmund Freud en 1938 décrivent l'état du monde avec une lucidité impressionnante :

> *Ce siècle sera l'un des plus étranges que la terre ait portés. On l'appellera le siècle de l'homme, mais ce sera le siècle de toutes les pestes. Il y aura la peste rouge, du côté de l'Orient, et puis ici, en Occident, la peste brune, celle qui commence à se répandre sur les murs de Vienne et dont vous ne voyez que les premiers bubons ; bientôt, elle couvrira le monde entier et ne rencontrera presque plus de résistance.*
> *Et il y aura d'autres pestes, mais à l'origine de toutes ces pestes, le même virus, celui même qui t'empêche de croire en Moi : l'orgueil ! Jamais l'orgueil humain n'aura été si loin. Il fut un temps*

où l'orgueil humain se contentait de défier Dieu ; aujourd'hui, il le remplace. Il y a une part divine en l'homme ; c'est celle qui lui permet, désormais, de nier Dieu. Vous ne vous contentez pas à moins. Vous avez fait place nette : le monde n'est que le produit du hasard, un entêtement confus des molécules ! Et dans l'absence de tout maître, c'est vous qui désormais légiférez. Être le maître... ! Jamais cette folie ne vous prendra le front comme en ce siècle. Le maître de la nature : et vous souillerez la terre et noircirez les nuages ! Le maître de la matière : et vous ferez trembler le monde ! Le maître de la politique : et vous créerez le totalitarisme ! Le maître de la vie : et vous choisirez vos enfants sur catalogue ! Alors le Dieu sera l'argent, le seul qui subsiste, on lui construira des temples partout dans les villes, et tout le monde pensera creux, désormais, dans l'absence de Dieu. Au début, vous vous féliciterez d'avoir tué Dieu. Car si plus rien n'est dû à Dieu, tout revient donc à l'homme... Le monde entier se sera privé de la lumière. Quand un jeune homme, un soir de doute comme cet âge en connaît tant, demandera aux hommes mûrs autour de lui : « S'il vous plaît, quel est le sens de la vie ? », personne ne pourra lui répondre. Ce sera votre œuvre ! Voilà ce que vous ferez, les grands de ce siècle : vous expliquerez l'homme par l'homme, et la vie par la vie. Que sera l'homme : un fou dans sa cellule, jouant une partie d'échecs entre son inconscient et sa conscience ?

(Eric-Emmanuel Schmitt, *Le visiteur*)

Les jeunes de ma génération sentaient viscéralement qu'il y avait quelque chose de pourri au royaume des humains. En apprenant l'existence des camps d'extermination, comment ne pas se poser les questions les plus fondamentales ?

Qu'est-ce donc que l'homme pour qu'il puisse en arriver là ? Et qui est le Dieu qui semble sourd ? Dieu n'est pas la Providence que l'on nous disait. Dieu n'est pas tenu d'empêcher ce que l'homme a décidé d'accomplir. On ne pouvait pas penser l'homme après Auschwitz comme avant. On ne pouvait pas non plus penser Dieu après Auschwitz comme avant.

Des préjugés, des caricatures, des idées toutes faites avaient pris corps. Des esprits atteints de folie avaient planifié l'extermination définitive de tout un peuple. Si Hitler avait construit la bombe atomique avant les États-Unis, ce plan démoniaque se serait réalisé !

Cinquante millions de personnes sont mortes dans cette guerre, mais ce n'est pas la même chose de mourir sur une plage de Normandie ou dans une salle de douches équipées de Zyklon B ! Qu'est-ce donc que l'homme pour qu'il soit capable de pareilles monstruosités ? Comment continuer à juger son prochain lorsqu'on voyait où pouvait mener le jugement ? Comment exercer une quelconque volonté de puissance, lorsqu'on voyait où avait conduit la volonté de puissance ? Était-il possible de ne pas aimer, lorsqu'on voyait jusqu'où le manque d'amour pouvait nous entraîner ?

La haine de l'autre pour des motifs religieux est, à mes yeux, le mal absolu. C'est le mal qui s'avance sous le vêtement du *devoir sacré*. Cet antisémitisme avait été colporté dans des milieux chrétiens, au nom même de la foi en Jésus-Christ. *L'enseignement du mépris* se pratiquait à l'ombre de la Croix ! L'athéisme de mon époque trouvait là un terreau. Le pessimisme diffus de la plupart des penseurs qu'on offrait à la jeunesse venait probablement aussi de là. Si nous avons mis si longtemps avant d'oser regarder lucidement cette époque, peut-être est-ce parce qu'elle avait sapé les fondements mêmes de nos raisons de vivre ! Le *meilleur,* lui-même, était atteint par la gangrène.

Si nous voulons éviter un jugement trop hâtif, il faut souligner que le nazisme mêlait dans une même haine les juifs et les chrétiens. L'antisémitisme de Maurras ou de Céline ou d'autres ne prenait pas son origine dans le christianisme. Et c'est un philosophe chrétien, Jacques Maritain, qui a le mieux dénoncé la perversité de l'antisémitisme dans les années 20 et 30 dans *L'Impossible antisémitisme.*

Dans un livre majeur, Albert Cohen raconte sa souffrance extrême d'enfant de dix ans qui, en 1905, se fait traiter de *sale youpin* par un camelot.

> *Sans le camelot et ses pareils en méchanceté, ses innombrables pareils d'Allemagne et d'ailleurs, il n'y aurait pas eu les chambres à gaz.*
> (« Ô vous, frères humains », *p. 203, N.R.F.*)

Ce livre est un révélateur de l'avarice d'amour dans le cœur de l'homme. Notre cœur y est passé aux rayons X !

> *En vérité, je vous le dis, par pitié et humble bonté de pitié, ne pas haïr importe plus que l'illusoire amour du prochain, imaginaire amour, mensonge à soi-même, amour dilué, esthétique amour tout d'apparat, léger amour à tous donné, et c'est-à-dire à personne.* (ibid., *p. 212*)

7

« TA LÈPRE, C'EST DE L'AMOUR INEMPLOYÉ[1] »

Jacques, mon partenaire de judo et de boxe, m'entraînait dans des réunions que je n'ose pas qualifier de *« politiques »*. Sous la bannière d'un Américain nommé Gary Davis, un mouvement était en train de naître : « Citoyens du monde ». C'était une stratégie d'abolition des cartes d'identité, des livrets militaires et des frontières. Sous l'adage *Si tu veux la paix, prépare la guerre*, la haine avait trop longtemps forgé ses armes. J'aimais entendre mon camarade s'enflammer pour cette cause. Son enthousiasme était contagieux :

> *... Nous voulons tous la PAIX, mais, illogiquement, nous gardons notre estime à des valeurs qui représentent l'agressivité, le paternalisme, la bêtise, et par conséquent la GUERRE.*
> *La conscience publique des Citoyens du Monde sera d'abord un instrument de défense de chaque homme menacé par le totalitarisme et la guerre. Il est grand temps d'en appeler à la prise de conscience du monde, au respect d'un idéal, à l'abandon de tous ces mensonges. Il est utopique de croire à la fraternité des hommes, il est réaliste de croire à la permanence de leurs défauts, il est logique de tout faire pour y remédier...*

1. Jean Giono.

N'avez-vous donc pas encore compris ? Vous faut-il encore un troisième cataclysme avec bactéries, bombes atomiques, fusées ?... Pas assez de camps de concentration, pas assez de morts et de mutilés ?...

Nos professeurs étaient lyriques sur la guerre de Cent Ans, les croisades, Austerlitz, la bataille de Reichshoffen, Verdun... Notre cœur allait plutôt à Boris Vian :

Je viens de recevoir mes papiers militaires, pour aller à la guerre...
Messieurs qu'on nomme grands, je ne veux pas la faire !
Je ne suis pas sur terre pour tuer des pauvres gens...

Rien ne pouvait davantage prendre mes parents à rebrousse-poil ! Comment la fidélité à un idéal peut-elle se heurter à la fidélité à un autre idéal tout aussi noble ?

Le mystère du Mal me taraudait de plus en plus. Un vertige dont j'ignorais le nom m'emportait vers cet envers du monde. Un ami m'avait embauché comme éducateur bénévole dans un « Centre d'accueil et d'observation ». Une vingtaine de grands adolescents se trouvaient là, dans l'attente d'un jugement. Je sortais chaque dimanche avec ce groupe de jeunes que l'on nommait *délinquants*. Leur souffrance, leur solitude étaient devenues mes blessures personnelles.

Privés d'amour à la racine même de leur existence, leur comportement déviant s'expliquait comme une quête d'intérêt. « Je veux que l'on fasse attention à moi. Je veux exister dans le regard des autres. Plutôt le châtiment que l'indifférence. » Ils cassaient tout sur leur passage pour que l'on s'intéresse à eux !

Sur ce terrain de la souffrance, Dieu m'attendait. Tous mes auteurs de référence accusaient Dieu pourtant ! Appellerions-nous bon un père qui arme la main d'un enfant pétulant, dont il connaît l'imprudence, et qui le punirait éternellement de s'être servi de cette arme ? « Sa seule excuse devant les malheurs et les injustices est de ne pas exister », disaient mes contemporains. Mais alors, s'il n'y avait pas de Créateur, qui donc tenait la clef du mystère de la vie ? « Montrez-nous les meneurs du jeu ! »

Peut-on réparer une carence de tendresse ? Existe-t-il une prothèse du cœur pour ceux qui sont nés et qui ont grandi dans le désert de l'amour ? Ce n'était pas un traité de psychologie qui m'avait mis sur cette piste ! Pour passionnants qu'ils fussent, les cours de philo n'abordaient guère ce chapitre ! Plus probablement, ce fut la trace sur moi de quelques phrases de l'Évangile. À l'âge de sept ans, j'avais vu une banderole au mur de ma classe : « *Aimez-vous les uns les autres.* » L'amour des mal-aimés, c'était bien cela la grande affaire, la seule aventure qui méritât que l'on fût invité sur cette planète terre !

La violence des délinquants trouvait un dérivatif dans nos matches de foot. Nous partions pour de grandes marches à travers les plaines d'Auvergne. Nous organisions des feux de camp où leurs talents de chanteur ou de mime trouvaient à s'exprimer. J'avais toujours une provision d'histoires à leur raconter. Parfois les meilleurs moments réveillaient en eux un goût de liberté. Déjouant ma surveillance au dortoir, tel ou tel fuguait. On le retrouvait aux frontières espagnole, belge ou italienne. Son avenir était encore plus compromis.

Personne n'est plus farouche, désabusé, cynique, fermé, violent que celui qui a manqué de considération. À travers ces êtres à l'enfance brisée, n'est-ce pas Toi, Dieu éternel, qui me disais : « L'amour est une question de vie ou de mort » ? À travers ces jeunes blessés, n'est-ce pas Toi qui m'appelais : « Ce que tu feras pour le plus petit d'entre les Miens, c'est pour Moi que tu l'auras fait ! » ?

Parmi mes camarades de jeunesse, j'établissais volontiers une séparation entre *ceux qui croyaient au ciel et ceux qui n'y croyaient pas.* Les croyants m'apparaissaient, en général, plus rangés, plus monotones. Les autres portaient en eux une recherche, une inquiétude, une faim. C'étaient le plus souvent des assoiffés d'Absolu déçus. Les schémas étriqués ou moralisateurs qu'on leur avait présentés n'avaient rien à voir avec leurs aspirations vers un sens de la vie. Un ami, devenu marxiste, m'avait dessiné un petit enfant pris dans une toile d'araignée. L'araignée symbolisait le prêtre, la toile, l'Église.

Pierre, un de mes meilleurs amis entre ma dix-huitième et ma vingtième année, était d'un rationalisme délirant. Il disséquait intellectuellement tout ce qui tombait à sa portée. Sa devise aurait pu être : « Pourquoi faire simple lorsqu'on peut faire compliqué ? » Les livres de Merleau-Ponty, de Sartre et de Heidegger étaient ses livres de chevet. Il connaissait bien les réalités de la foi, mais ne cessait de les passer au crible du soupçon. Sa tenue *négligée,* les poils sauvages sur ses joues et sur son menton agaçaient mon père. Ce rejet lui donnait, à mes yeux, une considération redoublée.

La fréquentation de Pierre a amplifié démesurément mon exigence de comprendre avant d'accueillir. Pourquoi lui ai-je donné tant de place dans ma vie ? Les jeunes ont-ils le pouvoir de sélectionner leurs amitiés ? Je lui en ai voulu d'avoir déteint sur moi et de m'avoir communiqué ce réflexe de l'inquiétude. Je me laissais tout doucement conduire sur son terrain ; mais Dieu n'est pas au terme de cette recherche cérébrale. Dieu n'est pas au terme d'une spéculation, mais d'un ravissement. « Père, je te rends grâce d'avoir caché ces choses aux savants et de les avoir révélées aux petits... »

Lors des vacances de Pâques de 1948, l'idée me traversa d'aller passer quelques jours à l'hôtellerie d'un monastère bénédictin du Tarn où l'un de mes frères venait d'entrer comme novice. Lorsque je vis mon frère Yves, le crâne rasé, vêtu de noir au milieu d'une centaine de moines, je reçus un coup au cœur. Celui qui portait une réputation de *playboy* était changé en moine ! (Deux ans plus tard, mon frère abandonnait son projet de vie monastique. Ce n'était pas sa route !) Les célébrations de la semaine sainte étaient envoûtantes. Nous nous levions au milieu de la nuit pour assister à l'office de matines. L'encens, le froid, les pierres de granit rose de l'église composaient un ensemble chargé de symbolique sacrée. Les voix nombreuses des moines n'en formaient qu'une seule dans le chant grégorien. Inoubliables lamentations du prophète Jérémie ! Je cherchais quelques pages concernant cette semaine sainte. Un ami me prêta le livre de Daniel-Rops, *Jésus en son temps.* Je fus si touché par ce qui concernait la Passion que j'en restai à ces pages-là. Je ne parvins pas jusqu'à la Résurrection...

De quinze à vingt-deux ans, j'ai beaucoup développé la pratique du sport. Cela s'est passé sans projet préconçu, au hasard des sollicitations extérieures. Si j'avais à recommencer mon existence, je me garderais bien d'en diminuer le rythme. L'harmonie corps-esprit est vitale pour notre équilibre. De bonnes balades dans les bois et même le ski ou l'équitation sont bien moins onéreux qu'un séjour en hôpital psychiatrique.

Lorsque nous habitions Clermont-Ferrand, une fois par semaine nous allions à la piscine très tôt le matin, avant de partir en classe. Il me suffit de fermer les yeux pour évoquer ce lieu, avec son plongeoir, son eau au goût de chlore, ses cris. Nous nous y forgions une santé de fer. Lors d'un camp, j'ai plongé de douze mètres. J'avais hésité, tout là-haut, en regardant la piscine réduite, soudain, à la taille d'un mouchoir de poche. Mais les copains criaient : « Vas-y ! », « T'es pas chiche ! », « Dégonflé ! » Sorti de l'eau, à moitié assommé, je criai : « C'est for... for... formidable ! »

Que ne ferait-on pour la galerie ?

Des camarades nous incitèrent, mon jeune frère et moi, à nous inscrire à un centre équestre gratuit. L'adjudant de cavalerie, obligé de limiter le nombre des candidatures, le fit de la manière forte. Avec son fouet et les décibels de sa voix, il faisait régner dans le manège une atmosphère *dantesque*. Lorsqu'il hurlait : « Vous êtes des sans-couilles ! », nous étions prêts à toutes les hardiesses. Un exercice était particulièrement *croustillant* : nous montions à cinq sur un percheron. Le premier cavalier tenait les rênes. À coups de fouet, l'adjudant lançait le cheval sur un obstacle, et nous étions projetés à terre inéluctablement. Nous apprenions ainsi à tomber sans trop de casse. La voltige fut mon entraînement préféré. Debout sur le cheval le temps de trois ou quatre tours, nous épousions le rythme de l'animal avec nos jambes et nos pieds nus, comme les écuyères dans les cirques.

Souvent, nous partions pour de longues sorties en pleine nature. Comment oublier les descentes du plateau de Gergovie à vive allure ? Comment oublier les triples galops autour du terrain d'aviation d'Aulnat, le visage barbouillé de la boue projetée par les sabots des chevaux précédents ? Rien n'était plus formateur pour le caractère que cette adaptation à un animal aussi puissant et aussi noble. Selon que l'on montait *Audacieux, Numa* ou *Opale, Rébellion* ou *Zéphyr,* ce n'était pas du tout le même scénario. Quant à *Humanité* (sic !), n'en parlons pas ! Nous étions blancs de peur à la pensée que cette jument pourrait nous être affectée. C'était alors un mini-rodéo suivi d'une chute annoncée, sauf pour deux d'entre nous qui sont devenus par la suite officiers de cavalerie !

À l'âge de quinze et seize ans, mon frère Alain et moi, nous avions entrepris de remonter la Nivelle en canoë, jusqu'à la frontière espagnole. Le spectacle changeait sans cesse. C'était pour nous comme une remontée de l'Orénoque. Nous aimions le chant de l'eau, son odeur fraîche d'écrevisse, les mouvements rapides des araignées danseuses à la surface, les miroitements de la lumière sur les petits cailloux mauves. Le soir venu, nous avions calé le canoë sur des rochers et nous avions dormi à l'intérieur. En pleine nuit, je me réveillai affolé. J'avais la certitude que nous étions emportés par le courant. J'ai mis beaucoup de temps à réaliser que nous ne bougions pas d'un pouce. Au meilleur moment de notre navigation, alors que les pagaies s'enfonçaient en cadence, l'un à la proue, l'autre à la poupe, mon frère rompit le silence d'une voix grave : « Dire que dans dix jours, à cette heure-ci, on sera en cours d'allemand ! »... D'une même voix, une même exclamation jaillit spontanément, pathétique : « Putain ! » (Dans le Sud-Ouest, cette expression accompagne toutes les grandes émotions. Le ton seul peut dire s'il s'agit d'émerveillement, d'enthousiasme, d'impatience, de tendresse, de surprise, de colère, de fureur... Cette fois, il s'agissait de consternation).

Jacques, un de mes amis, de trois ans mon aîné, m'avait invité à lui servir de partenaire de judo. Nous nous retrouvions deux fois par semaine, à six heures et demie du matin, pour des joutes amicales. Belle discipline que le judo, où il s'agit de prolonger l'élan *dynamique* de l'adversaire pour l'amener à se déséquilibrer lui-même. Assaillant et assailli à la fois, une faculté se développe en nous qui n'est ni la raison ni la sensibilité ni le muscle seulement, mais qui fait appel à toutes les ressources psychiques et physiques. Cela procure une très grande confiance en soi ! Jacques me répétait : « Tu es souple comme du verre de lampe. » Je me revois, plus tard, dans une chambrée de service militaire, sautant la tête et les bras en avant, par-dessus deux tables juxtaposées d'un mètre de large chacune, et atterrissant indemne sur le carrelage, en *roulé-boulé* comme on fait en parachute. Les *copains* étaient sidérés. Ces exploits me rendaient *intouchable* et me conféraient un droit de parole. J'ai pratiqué également la boxe, bon exutoire à une énergie débordante.

J'eus aussi la chance d'un stage de voile avec ce que cela implique de paquets de mer en pleine figure. Le vent semblait s'être juré notre perte et nous l'utilisions, nous le domestiquions à notre service. Quelle superbe école de vie ! Quelle solidarité entre les équipiers ! Comme elles étaient belles, les houles du golfe de Gascogne et la frange des Pyrénées vue du large !

Il y eut aussi la pelote basque sur le grand fronton de Saint-Jean-de-Luz avec le *chistera,* ce panier d'osier qui décuple l'élan de la balle. Il y eut le foot, l'escrime, la natation, le ski, le patin à glace, la varappe... Ah ! J'en ai pris des *gamelles* et des *bouillons* et des bosses ! Loin de me décourager, cela me stimulait.

Le sport que nous pratiquions le plus, sans savoir que c'en était un, était la marche. La fatigue due aux quarante kilomètres quotidiens, le soleil ou le froid nous brûlant la peau, la pluie, la neige et le vent nous fouettant le visage nous procuraient une euphorie très particulière. Parfois, dans la nuit, nous nous calions contre un camarade et l'un des deux dormait en marchant. À tour de rôle, l'un puis l'autre assurait la solidité du duo. Nous avions une véritable mystique de la route. Des chants de marche aux musiques entraînantes nous galvanisaient vers un idéal aussi vaste que l'horizon.
Les forces du vent, d'un cheval, du courant peuvent vous exalter ou vous abattre selon la façon dont vous les accueillez. Cet apprivoisement, voilà ce qui contribue à construire un homme *debout.* La faculté d'*encaisser* les coups durs, comme elle

serait vitale bientôt ! Devant tant de jeunes amorphes, sans réactions, les poumons tapissés de goudron, la tête fêlée de décibels, encombrée de jeux vidéo, j'ai mal ! Une attitude sportive serait pourtant un des meilleurs atouts dans l'existence. J'ai redécouvert cela récemment, à plus de soixante ans, lors d'un stage de parapente avec quelques jeunes de vingt ans. Lorsque, au bout de trois heures de chutes douloureuses sur la poitrine, on finit par décoller, comme un jeune vautour, pour un vol en *solo* de plusieurs kilomètres, quelle jubilation !

Le jour de mes seize ans, je partis avec un ami du même âge, Gérard, pour un périple à bicyclette : Clermont-Ferrand/Saint-Jean-de-Luz/Lourdes. Plus de mille kilomètres, l'aventure chaque jour recommencée, la contemplation de la nature, son mystère dans le silence des nuits... Mais sur le chapitre de la communication entre Gérard et moi, quel désert ! Lorsque nous nous rencontrions au cours de l'année une heure par-ci, deux heures par-là, tout allait si bien ! Pendant ce périple à vélo, mon ami semblait porter en lui un secret qu'il ne parvenait pas à partager. Il faut bien découvrir un jour que l'autre est un autre. Chacun était déçu, sans doute, de décevoir son compagnon. Nos silences n'arrangeaient rien. Les griefs s'accumulaient sans que l'on sache s'en expliquer.

Au cœur de la plus fantastique beauté, dans l'aventure la plus grisante, avec notre meilleur ami, pourquoi ne savions-nous pas être heureux ? Qu'y avait-il donc de cassé en nous ? J'ai su plus tard que je n'étais pour rien dans la tristesse de mon compagnon de voyage. Un chagrin d'amour le rongeait en silence. Celle dont il rêvait me concernait de trop près pour qu'il ose m'en parler. (En effet c'était ma sœur !) Il y avait probablement là quelque chose à comprendre tout de même. Celui que la Bible nomme le « Diviseur » éprouve une haine quasi infinie à l'égard de toute parcelle d'amitié. À la moindre fissure, au moindre malentendu il agit comme le gel qui parfois fait éclater les roches. Dans l'évolution spirituelle d'un adolescent, la désillusion est une épreuve importante. N'avons-nous pas demandé à une créature d'être « Dieu » pour nous ? Il faudrait pouvoir dire au sujet de toutes nos relations : « Je n'attendais rien de lui (d'elle). Alors j'ai été comblé ! »

Que de rendez-vous manqués de cette sorte ! Ils sont si nombreux que les réussites, par contraste, apparaissent comme des *miracles.* On a mal dormi, on est fatigué, préoccupé, tendu, pris par une urgence et voilà qu'on lâche le mot qui blesse : « Tu n'as pas un prix considérable, à mes yeux. Je fais attention à toi un moment, mais ne m'en demande pas trop ! » L'être humain n'est pas Dieu. Il faut bien qu'il accepte de ne pouvoir aimer tout le monde. Nous sommes alternativement déçus et décevants. Voilà pourquoi le pardon total, le pardon quotidien, le pardon sans limites est l'objet d'un rappel si constant de la part de Jésus-Christ.

Pendant les vacances d'été, je demeurais de longues heures avec des amis. Nous restions allongés sur les galets de la plage, les têtes rapprochées en étoile, conversant indéfiniment sur tout et sur rien. Insatisfait pourtant de cette atmosphère superficielle, je partais souvent seul dans les Pyrénées. J'ai gardé un souvenir féerique d'une virée autour du pic d'Anie. Je m'étais perdu et n'avais ni eau ni nourriture. J'avais dormi entre deux rochers, redoutant la visite d'un ours dont une paysanne m'avait affirmé la présence. « Vous allez dans la montagne ? Putain ! Y a des ours là-haut ! Putain ! Vous n'avez pas peur ? Putain ! »...

Un événement décrit assez bien le genre de folies dont j'étais coutumier. Un jour Charles, un de mes amis, me dit :

— Prête-moi ta moto, je veux aller dire bonjour à Anne-Marie. Elle est monitrice dans une colonie de vacances, dans les Alpes.

— Je ne peux pas te prêter cette moto, elle n'est pas à moi. Mais si tu tiens tellement à voir ton amie, je t'y conduis.

Nous sommes partis dans un périple de près de mille kilomètres sous une pluie à décourager les grenouilles. Je me vois le visage trempé, transi de froid, fonçant dans la nuit et répétant à Charles :

— Roméo, elle nous coûte cher, ta Juliette !

Il lui fit la surprise de sa visite en escaladant son chalet vers quatre heures du matin. Ils ont parlé quelques heures. Puis nous avons repris la route du retour dans le froid et la pluie. Lorsqu'on me demande ce que je pense des jeunes, c'est d'abord à ce genre de souvenirs que je me réfère. La jeunesse est un âge où la générosité entre amis est magnanime. Dans un trop-plein de vie ou un trop-plein de joie, on ferait n'importe quoi.

Lorsque j'évoque le ski ou l'équitation, le judo ou la natation, cela semble n'avoir aucun rapport avec un parcours initiatique. Dieu était là pourtant, j'en suis convaincu aujourd'hui, mais personne ne nous le disait. Des textes de la Première Alliance m'ont enseigné bien plus tard la dimension spirituelle du charnel. « Santé et vigueur valent mieux que tout l'or du monde. Plutôt mourir qu'une vie chagrine » (Ben Sira 30, 15).

Qui a créé le corps et tout ce qu'il implique en force et en beauté ? Entre l'idolâtrie et la reconnaissance du créé, il y a un monde. L'idolâtrie dénature la réalité. Le respect lui rend sa transparence. La création est un fleuve. Et si tu le remontais vers sa source ?

Nietzsche voyait dans l'Évangile une mauvaise nouvelle : une glorification de la douleur et de l'échec, une compensation pour les souffreteux et les vaincus. Un sursaut, dont je ne sais s'il provenait du paganisme ou de nos origines judéo-chrétiennes, nous conduisait à lui donner un singulier démenti ! Je crois qu'en ce qui me concerne cette propension au bonheur m'était venue de ma famille et du scoutisme. Face à un christianisme dénaturé qui mettait l'accent sur la souffrance et la résignation, il était bon d'être initié à une « croix » qui serait dans le sillage d'un combat, d'un engagement. La douleur ne pouvait pas, ne devait pas être la référence majeure.

En ce temps-là, on ne voyait jamais d'icône de la Trinité. Cette image évoque pourtant le premier matin du monde. Le Fils est engendré de toute éternité dans un débordement de la plénitude du Père. L'Esprit est issu d'un rayonnement de la Joie d'aimer du Père et du Fils. L'univers est né d'une explosion de la Tendresse divine.

Les créatures, c'est vrai, peuvent devenir les rivales de Dieu, elles peuvent sembler vouloir tromper notre faim d'Absolu, mais ce n'est pas leur faute. Les multiples splendeurs de la mer et des rivières, des cristaux de neige et des prairies, la souplesse des plongeons et des sauts à cheval, tout cela ne faisait pas d'ombre au créateur. L'univers manifestait sa gloire ! Satan, lui, étendait plutôt ses victoires sur des royaumes tristes.

Avec deux camarades, j'avais formé un petit orchestre de jazz. L'un de nous était au piano, l'autre à la batterie et moi à la guitare. Les joies que nous tirions de ces exercices étaient sans rapport avec nos compétences. Nous passions parfois des week-ends dans la nature. *Drogués* d'Armstrong, Duke Ellington, Django Reinhardt et autres maîtres du jazz, nous ne nous couchions guère avant trois ou quatre heures du matin, après avoir improvisé des *blues* interminables.

J'allais souvent avec des amis dans un petit bistrot de l'île de la Cité, à Paris. J'aimais écouter les chants des jeunes poètes qui s'y produisaient. Je me souviens de cette phrase d'une chanson qui m'avait touché : « Ce ne sont pas tes yeux que j'aime. C'est le ciel qui s'y reflète. » (Autre version d'un propos de Gide : « Ce n'est pas l'homme qui m'intéresse, c'est le feu qui le dévore. »)

Je savais par cœur tout un répertoire de chansons de Brassens, Brel, Bécaud, Douai, Montand, Gréco, Piaf, Salvador, Mouloudji et bien d'autres. Ces chants parlaient d'amour, amour-extase, amour-passion, amour-délire, amour déçu, amour-déchirure, amour interdit, amour sans issue, amour-possession, amour brisé, amour trahi :

Bonnes gens,
c'est le refrain des filles cruelles,
sans foi ni serment,
trompées par leurs amants.
Parce qu'ils ont aimé des femmes infidèles,

ils se sont vengés victorieusement...
Cœur pour cœur, dent pour dent, telle est la loi des amants.

Un de mes amis et sa compagne composaient et interprétaient des chansons que je colportais à mon tour, accompagné de mon inséparable guitare, dans de nombreux groupes de jeunes dont je faisais partie ou aux terrasses des cabarets :

Dans tes yeux j'ai laissé mon âme,
Dans ton cœur j'ai laissé le mien.
Dans tes yeux, j'ai laissé mon âme,
Tu le vois, ça ne rime à rien...

Mon père formulait souvent des remarques désabusées sur l'avenir. « Bientôt, on sera sur la paille et on mangera du foin. » Bien sûr, ni son épouse ni ses enfants ne le prenaient au sérieux. Toujours est-il que nous n'avions pas un sou d'argent de poche. Celui dont je pouvais disposer venait d'une assurance-accident pour mes doigts *esquintés*, des leçons de guitare que je donnais, de menus cadeaux de mon grand-père. À vingt-deux ans, je m'étais acheté un vélo sur lequel un ami avait bricolé un petit moteur auxiliaire. C'était une sorte d'ancêtre de la Mobylette. Je ne connais pas de machine plus inconfortable et plus casse-cou. J'ai traversé plusieurs fois la France avec cet engin, par étapes de trois à quatre cents kilomètres. J'avais attaché au cadre une pancarte de la SNCF : « Ne pas descendre avant l'arrêt complet de la voiture ». Je couchais n'importe où, une grange, une maison abandonnée, des ruines, une meule de foin...

Comment dire la joie de vivre qui m'étreignait alors ? Cette joie était mon élément naturel. « La joie est le signe que la vie a réussi. » Ce propos de Bergson me plaisait. J'avais fait connaissance du romantisme désabusé. Cela suffisait. Il fallait cesser de chanter en mineur et retrouver des airs plus vigoureux. Cette joie, c'est surtout avec les autres qu'elle se manifestait.

Dans le journal que je tenais je n'ai pas relaté les situations les plus drôles et je le regrette. Je ne notais pas ces *éclaircies.* Elles allaient de soi. Elles ne me semblaient pas significatives. L'humour pouvait être le piment de la vie, ce n'était pas le plat de résistance. Mais je me souviens de certaines situations, ces journées et ces nuits au bord de la Seine à chanter avec des clochards. Je dormais parfois sous les ponts de Paris, dans la forte odeur d'urine et les courants d'air. Les clochards, saouls dès le réveil, avaient une voix rauque tout en dièses et en bémols. Une voix idéale pour interpréter les chansons de Bruant dont je raffolais :

Et puis surtout, ne bois pas trop !
Tu sais qu't'es teigne,
et quand t'as un p'tit coup d'sirop,
tu fous la beigne !
Si tu t'faisais poisser un soir
dans une bagarre,
Y a pu personne qui viendrait m'voir
à Saint-Lazare !...

Je pense à ces *surboums* qui s'achevaient de façon un peu folle. Nous arrêtions les voitures sur une petite route de campagne, et nous invitions les passagers à partager au moins une danse avec nous. Tous acceptaient de bon cœur ce *péage* original.

Une fois, après une *soirée dansante,* nous sommes partis nous baigner dans la Seine, vers quatre heures du matin, au pied de la Préfecture de police de Paris, nus comme Adam et Ève avant le péché originel. Un agent nous intima l'ordre de sortir et fut saisi d'un fou rire. Il se contenta de nous signaler que l'eau de la Seine n'était pas très propre. Nous avions entre dix-neuf et vingt-trois ans. Notre joie n'avait d'égale que notre insouciance.

Parmi les souvenirs les plus gais, il y eut les traversées clandestines de la frontière espagnole, à pied à travers la montagne, pour rejoindre des petits villages basques comme celui de Zugaramurdi. Nous arrivions vers minuit pour nous joindre à la fête. Là, nous chantions dans les auberges des chansons de carabins. Nous dansions sur la place. Les jeunes de la bande étaient heureux de tout. Ces fêtes, nous les avions méritées tout au long des chemins creux où il avait fallu se repérer dans l'obscurité au milieu des arbres, des rochers, des ajoncs, des ruisseaux. Nos seules lampes étaient des bougies qui décuplaient la féerie du voyage. Souvent, lors de ces marches nocturnes, nous nous couchions sur l'herbe ou sur la route et contemplions les étoiles. Nous dormions dans des grottes de montagne, à même le sol jonché de crottes de moutons, nos espadrilles aux pieds.

Le bonheur est un feu qui se nourrit des plus infimes brindilles. J'ai la conviction aujourd'hui qu'il est une des traces du passage de Dieu en ce monde. Jésus-Christ n'a guère insisté sur ce thème car il était déjà bien incrusté dans la conscience de son peuple.

Ne laisse pas passer un légitime désir.
Offre et reçois. Donne-toi du bon temps.

Chasse la tristesse car elle en a perdu beaucoup !
(Ben Sira 14, 16 ; 30, 23).

Ce qui manquait à nos joies, c'est qu'elles n'étaient pas perçues comme un cadeau de Dieu. Païennes, elles ne suscitaient ni gratitude ni louange. Ou bien elles allaient de soi : vivre et être heureux étaient synonymes ! Ou bien elles étaient perçues comme nous détournant de l'Essentiel ! Croire que nous ne sommes reliés à Dieu que dans l'austérité et le dénuement était une hérésie largement répandue durant ma jeunesse. Dieu était pourtant bien là dans nos joies. Il nous y attendait, mais nous ne le savions pas !

8

« LE SOMBRE PLAISIR DE TOUT GÂCHER »

« Amour, nous n'avions que toi sur la terre.
Ne nous laisse pas devenir froids.
Tends-nous la main et sauve-nous ! »

PREVERT

Jacqueline, mon amie de toujours, avait insisté pour que j'aille la rejoindre à Paris. Je ne me fis pas prier. Elle m'invita à dîner dans une famille où elle était embauchée comme *baby-sitter.* Cette famille de sept enfants était débordante de vie. Les cinq filles avaient des visages de déesses égyptiennes. L'aînée, âgée de seize ans, appelons-la Agnès, m'intriguait par son silence. Avant de prendre congé, je lui glissai à l'oreille : « On me dit que vous écrivez des poèmes. Pourriez-vous m'en prêter ? J'aime la poésie... » Elle partit me chercher un petit cahier bleu et me le confia en rougissant. Cette nuit-là, je ne pus pas dormir : je dévorai ces poèmes qui m'entraînaient dans un univers étrange. Cette nuit fut un moment intense. Poésie et rencontre alliaient leur magie. J'étais dans ma dix-huitième année.

J'invitai Agnès à des concerts salle Pleyel. Sa mère, un peu inquiète sans doute, se faisait un devoir d'accompagner sa fille.

Un soir, nous étions allés voir jouer *Phèdre.* Au retour, dans le métro, je parlai à Agnès. J'étais habité par une intuition qui me prenait tout entier. « Nous avons perdu la clef du bonheur. Nous avons rêvé de nous accomplir sans Dieu, et nous n'avons trouvé que notre néant. » Au moment où je citais la Bible : « Et ils virent qu'ils étaient nus ! », la mère d'Agnès se rapprocha. Agnès et sa mère avaient le même visage si beau, si grave. Désormais, le métro, son bruit et son odeur me renvoient souvent l'état d'âme de cette nuit-là.

Françoise et Isaure, les sœurs d'Agnès, devinrent elles aussi mes meilleures amies. Françoise incarnait la joie de vivre. Son rire à lui seul était une preuve de l'existence de Dieu. Isaure était brûlée par un feu mystique, une soif d'Absolu qui la dévorait et ne laissait personne tranquille. Je l'appelais Antigone.

Comment dire qui était Isaure, sans citer au moins un passage d'un livre qui m'avait infiniment touché à dix-huit ans ? *L'Antigone* d'Anouilh était celle qui brave les lois de Thèbes, pour obéir à la loi de sa conscience, celle qui préfère perdre son fiancé plutôt que de perdre son honneur.

> *Quel sera-t-il, mon bonheur ? Quelle femme heureuse deviendra-t-elle, la petite Antigone ? Quelles pauvretés faudra-t-il qu'elle fasse, elle aussi, jour par jour, pour arracher avec ses dents son petit lambeau de bonheur ? Qui devra-t-elle laisser mourir en détournant le regard ?* (Antigone).

Ces trois sœurs ont quitté ce monde très jeunes. Je les sais aujourd'hui dans leur vérité, dans leur plénitude, avec leur vrai visage. Mes liens avec chacune d'elles furent d'une telle transparence que j'en suis encore étonné. Ces liens sont éternels, j'en ai l'intime conviction. « Toutes choses passeront. L'amour ne passera jamais ! »

Ces amitiés furent des brèches donnant sur le Ciel. L'être humain est un univers fantastique. S'il vous ouvre les portes de son mystère, cette aventure est plus belle que la découverte des plus grands trésors sous les pyramides des pharaons. Même si nous ne parvenons pas à aider à vivre celui ou celle que notre regard a soustrait à l'anonymat, la simple réalité de ce qui nous relie est au-delà du sensible. Le bouddhisme prétend que tout est « impermanent ». L'héritage grec, juif et chrétien me rend cette vision du monde difficile d'accès. Lorsque nous aimons quelqu'un, nous ne pouvons plus l'imaginer disparu ou fondu dans le Cosmos. Ce qui nous a reliés a pris pour toujours la densité de l'infini.

Une correspondance commença avec Agnès. Elle nourrissait en moi la soif d'une *autre dimension* à la fois païenne et mystique. Elle n'écrivait pas seulement des poèmes, elle vivait en poésie. Tout son être était poème. Voici un bref passage d'une de ses premières lettres :

> « J'ai besoin de vous revoir, car on ne peut entourer son écriture de sourires et de regards. Je sens en ce moment une simplicité extraordinaire s'emparer de moi. J'ai besoin de la mer, de la lumière, des étendues et mon désir s'empare de ce jour de pluie pour le transformer en paysage limpide. Je voudrais vous faire partager ma joie ! »

Elle vint passer les vacances d'été à Saint-Jean-de-Luz où elle avait loué une petite chambre. Je l'y retrouvais pour de longues conversations. Elle avait écrit avec du rouge à lèvres sur un miroir : « Les fées et les poètes ont pour mission de rendre les citrouilles à leur dignité de carrosses ! » Nos sujets favoris étaient la difficile communication entre les êtres, le sens de la vie, l'intelligence qui peut devenir refus et négation du réel, l'amour, qui s'enlise parfois dans l'assouvissement du désir, la foi qui peut se dénaturer en sentimentalisme ou en superstition.

Nous allions souvent sur un immense rocher dominant l'océan. On pouvait le rejoindre à marée basse. Là, nous restions pendant des heures sans rien dire, bientôt encerclés par la marée montante. Aucune musique ne me parlait autant que celle des vagues. Elles battent comme le cœur ! Ce rocher, composé d'empilement de schistes, ressemblait à une citadelle. On le nommait prosaïquement : la *Pile d'assiettes.* Aujourd'hui, la mer en a eu raison. Nous allions la nuit dans un bois de pins. À la lueur d'un petit feu, nous parlions. C'étaient des échanges d'âme à âme avec peu de mots.

Je n'hésitais pas à me confier à elle, tout en affirmant que l'être humain est seul :

> « C'est une illusion de croire que l'on peut comprendre l'autre. Je joue les clowns pour ne pas montrer ma fragilité. J'ai peur de ne pas découvrir ce pour quoi j'existe. Moi aussi, je refuse l'expérience des adultes. Que font-ils pour se mettre à notre place ? »

Je découvrais avec Agnès les ravissements de l'amitié. Les lieux les plus banals étaient transfigurés par notre aventure intérieure. Agnès tenait des propos qui me touchaient : « Vous m'avez donné la vie. Comment se fait-il que je ne puisse être moi-même qu'avec vous ? »... Elle citait volontiers un passage du *Petit Prince* : « Vous êtes responsable, pour toujours, de ce que vous avez apprivoisé ! »...

Notre tare originelle faisait son tourment. Nous venons au monde séparés de Dieu. Pour cette raison, le bonheur nous échappe. Au lieu d'accueillir la condition humaine comme un cadeau prestigieux, nous ruminons nos défaites. Une éducation perfectionniste *en rajoute* et nous interdit d'être pris en défaut. Nous ne voyons pas que notre faiblesse pourrait devenir notre force. « Vous serez comme des dieux », insinuait le Tentateur. Il nous rejoignait là dans notre point faible. Telle était bien notre vocation, en effet. Mais nous nous trompions de chemin. Nous voulions prendre ce que notre Créateur désirait nous donner. De cette erreur initiale provenaient nos malheurs. Et chacun réinventait le même désastre. La perte de confiance en Dieu, notre Source, entraînait tous les autres soupçons. L'homme se méfie de lui-même et se découvre nu. Adam se méfie d'Ève et l'accuse. Caïn se méfie d'Abel et se débarrasse de lui. Les hommes croient s'unir pour conquérir le ciel, mais ils se méfient les uns des autres et ne parlent plus le même langage. Ayant rompu le lien avec le Père des hommes, nous avons oublié le chemin de la fraternité. Notre regard a perdu sa transparence. Pour endormir sa peur de n'être pas aimé, l'homme soupçonne à l'avance qu'il n'est pas digne de l'être et assèche les sources de la vie.

La Bible aurait pu nous donner la clef de nos états d'âme, mais nous ne savions rien de la Bible.

Une faim enragée d'absolu te dévorait, Agnès. Je partageais ou je devançais ton dégoût devant l'envers de la vie, les incompréhensions, la dérive des sentiments. Nous n'avions pas besoin de la Révélation pour apprendre que l'homme était blessé. Nous en aurions eu besoin pour découvrir qu'il pouvait être sauvé.

Te souviens-tu d'une nuit dans une cabane de chasseurs de palombes dominant une forêt de chênes ? À la lueur de quelques bougies, nous lisions des poèmes de La Tour du Pin et des chapitres des *Raisins de la colère*. De temps en temps, nous grimpions sur le toit pour nous laisser remplir en silence par la fraîcheur et les parfums de la nuit. La beauté de cette pleine lune était si parfaite que nous en pleurions. Hululements nostalgiques de la chouette. Clarté de l'astre des nuits. Odeurs des mousses, des fougères et des arbres. Envoûtement du plus extrême silence.

Lorsque je revis en pensée cet instant, je crois avoir vécu là un échantillon de ce que pourrait être la vie éternelle. Si l'Éternité peut ressembler à ce moment-là, alors tout devient clair. Aucun prix à payer ne sera trop lourd, aucun parcours initiatique assez périlleux pour être accordé à une telle plénitude ! Perfection de la beauté. Intensité du silence. Harmonie de la rencontre de deux êtres. Ce décor soulignait le mystère d'une Présence au cœur de toutes choses. Nous aimions nous confier nos secrets, nos rêves, nos balbutiements.

Nous aimions accueillir les questions les plus insolites, les plus insolubles. Nous nous sentions saisis au plus profond par une même aimantation de l'infini :

« *L'homme est un dieu tombé qui se souvient des cieux.* »

Tu m'entraînais, Agnès, dans ton univers. Tes lettres étaient magiques.

« Aurais-je perdu l'enfance ? Si seulement je pouvais aimer assez quelqu'un pour m'arracher à moi-même ! C'est moi le démon auquel je suis livrée. La solitude pourrait bien causer la perte de ce qui me reste d'âme. Ah ! Si je pouvais trouver mon rôle sur cette terre !...

Vous me dites que les humains vous apparaissent comme des écorces vides. Ils ne me semblent pas vides, mais seulement séparés de leur moi profond, par leur écorce justement. Il leur suffirait d'un choc pour rentrer en eux-mêmes...

Je suis tellement heureuse de vous comprendre et que vous me compreniez ! Je frémis à la pensée de gens endurcis qui deviennent insensibles à tout ce qui fait le prix de la vie : beauté, poésie, compréhension mutuelle.

Vous me répétez qu'il nous faut retrouver notre âme d'enfant. Comme vous avez raison ! C'est une petite fille en moi qui écoute son ami préféré ! Vos lettres m'apportent le calme et la joie...

À bientôt, mon cher compagnon de silence... »

Je voulais fuir la réalité banale, plate, monotone. Agnès savait percevoir l'épaisseur spirituelle du monde sensible. Ses lettres étaient parsemées de poèmes.

Guettant les vols de joie
qui passent sur le monde,
nous restons à l'affût
muets et immobiles
et le regard en quête.

Un calme froid d'hiver
naît au cœur blanc du jour.
Un monde couleur d'aile
se pose sur nos yeux.
Dans quel envers du monde
m'entraîne mon amour ?

Un fantôme de toi né de mon seul désir
vide de sang ma vie,
vide de vie le monde.
Avec ton faux visage,
comme je t'ai trahi !

Nous étions convenus que le premier qui tomberait amoureux de l'autre ferait tout pour *se soigner*. Cette *maladie* risquait de tuer l'amitié, plus lucide, plus paisible, plus généreuse surtout. Nous en étions bien d'accord tous les deux. Être amoureux ne s'improvise pas, ne se décide pas, ne s'invente pas. Cela vous arrive et on ne sait pas trop comment s'arranger avec cet ensorcellement ! Je préférais l'amitié, un amour plus fidèle et plus clairvoyant.

Je cherche en moi, au travers de ma chair,
des yeux nouveaux où tu puisses voir clair.
Redonne-moi de l'huile de ta lampe !

Mon amour, nœud de ma vie,
a pris chair en mon silence.

Il ne me nourrit que d'absence
et se fait source de mort.

Brûlée de sel et de larmes,
je m'enfonce dans la nuit.

N'ayant de boisson qu'amère,
de tendresse que voilée,
je descends vers mon enfer...

Il arrive qu'entre deux êtres naisse une secrète connivence. Une fenêtre s'ouvre alors, qui élargit notre cœur. L'amitié est en elle-même une révélation du sens de la vie. Par l'intensité de joie qu'elle engendre, ne nous dit-elle pas : voilà pour quoi tu existes ? Tu es vivant lorsque tu aimes. L'amour d'amitié révèle le prix des êtres et l'enjeu de leur mystère le plus profond. Chacun semble dépositaire d'un message pour l'autre, pour lui seul. L'amour est le révélateur de Dieu. Il est l'âme de la vie, son très grand secret. Aimer un être d'amour véritable est un cadeau du ciel, une fenêtre sur l'Éternité.

J'ai retrouvé récemment un texte griffonné qui ne parlait que d'Agnès. Je ne le lui ai pas confié.

« On voyait dans tes yeux l'appel du large.
Trop petite était pour toi la terre,
les astres trop lointains.

Tu étais riche dans ta robe trouée,
les mains derrière le dos
et le nez dans le vent.

Ta magie était inquiétante et sauvage.
Trop amante de vie,
trop aimée de la mort,
Comme un mirage dans la nuit.

Amer était ton chant poursuivant son seul rêve,
et douce était ta voix
qui voulait capturer le monde en sommeil,
toi le grillon, toi la sirène. »

Agnès s'est dégradée à petit feu. Elle a suivi un chemin de transgression... par provocation ou par curiosité, par ennui ou par désespoir ou par manière de rompre avec Dieu. Devant ma réaction peinée, elle m'avait écrit une lettre où la douleur perçait sous la légèreté :

« Si tu persistes à vouloir m'entraîner vers Dieu, j'essaierai de t'amener au diable. Ce sera infiniment plus distrayant. “Les prostituées vous précéderont dans le Royaume”, dis-tu. Alors je n'ai plus qu'à continuer... Vomis mon cynisme si tu veux, mais ne me demande pas ce que je cherche dans le plaisir ; certaines expériences me convaincraient plutôt des limites humaines. Cette lettre manque de lyrisme : je n'ai pas les cheveux assez longs pour jouer les Marie-Madeleine !... »

Une nostalgie de l'Ultime Réalité s'exprimait dans de courts messages : « Pourquoi n'es-tu pas Dieu, ô mon beau soleil rouge ? »

« Dieu est une question de vie ou de mort », m'avait-elle écrit un jour, sur une petite carte postale. J'avais pris ce message pour de la littérature !

L'année suivante, durant mon service militaire à Dakar, j'étais plongé dans une de ses lettres. Un singe sauta sur mon épaule, prit la lettre et s'en alla en poussant des cris. Il était aussi démuni que moi face à ces trésors. Comment comprendre ces élans d'un être qui *avait mal de la poussée de son âme* ?

« Je suis enfermée en moi. Et pourtant, je m'intéresse passionnément aux autres. Mes dernières lectures m'ont rendue mélancolique. J'y ai vu des hommes et des femmes d'âge mûr qui se sont endurcis. Pourvu que je ne devienne pas ainsi ! Il n'y a pas dans le monde un seul coin de fraîcheur où respirer. Deviendrais-je la proie du romantisme ? À Dieu, j'espère.

Aujourd'hui, j'ai dix-sept ans. Il a fallu se servir des fers pour que je naisse. Il a fallu me faire violence pour que je vive...

J'ai trouvé une sorte de paix qui n'est peut-être que de la fatigue. J'ai cessé de lutter contre ma vocation qui est sans doute la solitude ; pourtant jamais l'amitié ne m'a procuré autant de joies et ce qu'il faut de flamme pour m'empêcher de geler... »

Puis, ce furent des appels au secours.

« Mon cas est désespéré. Tu ne peux pas me sauver, ni toi, ni personne. Le sombre plaisir de tout gâcher. C'est le vide absolu qu'il me faut. Ne me lâchez pas. J'ai l'impression que je tombe. Une chute sans fin. Ne me lâchez pas. Vous êtes le seul à qui je peux tout dire. Vous, vous êtes vivant... Tout marche vers la catastrophe ! »

Elle me suppliait de toutes ses forces de l'accueillir en Afrique. Elle voulait quitter le personnage cynique qui lui collait à la peau. J'envisageais en tremblant sa venue. La paroisse protestante était prête à l'héberger et à lui trouver du travail. Sa mère mit un veto à ce départ... pour me protéger peut-être !

J'adressai des appels au secours à un prêtre de Clermont-Ferrand :

> « Je vous envoie deux lettres d'une amie qui se laisse détruire. Que faut-il lui répondre ? Vous connaissez Gide. Elle en est imprégnée. Vous seul pourriez convertir cette affamée de sensations, mater son orgueil, orienter son intelligence. Il se crée en elle un mauvais pli. Ensuite, il sera trop tard. Sauriez-vous mettre en veilleuse vos positions pour commencer par l'entendre ? Citez-moi, je vous prie, les meilleurs antidotes contre Gide... »

Il me répondit : « Elle t'aime, et toi tu n'es pas amoureux d'elle. C'est un dialogue de sourds... Mais ne la lâche pas ! »

J'étais en train de découvrir, douloureusement, la signification de l'amour. Un être croise ton chemin et te touche le cœur. Tu entends une voix très fragile : « Veux-tu m'aider à m'accomplir ? Je suis la Belle au bois dormant qui attend que l'on vienne la réveiller. Je suis une chenille et j'ai peur de ne pas devenir un papillon... Éveille l'archange qui sommeille en moi. »

Naïvement, je me disais : je la tirerai de ces sables mouvants. Je ressentais, pour elle, le besoin de croire. J'avais la foi, à *usage externe.* Un ami protestant m'offrit une Bible. Je m'y plongeai pour tenter d'y trouver des réponses à ses questions. Cette foi que je recopiais, tirée de la Bible sans être passée par mon cœur, provoquait de sa part des violences inattendues.

> « Je veux inventer un Dieu que je puisse aimer librement et qui ne me fera pas le reproche de ne pas L'aimer... Le Dieu catholique qui impose la morale et les dogmes et le péché, non merci ! »

Dès mon retour d'Afrique, je renonçai à un voyage, longuement rêvé, aux États-Unis, pour pouvoir l'aider. Comme elle lisait beaucoup les livres de Sartre, je les dévorai à mon tour. J'y cherchais un contre-poison.

Un soir où elle avait été particulièrement désabusée, elle se mit à fondre en larmes. Entre deux sanglots, elle supplia : « Prie... Prie ! » Je balbutiai : « Notre Père qui êtes aux cieux... » Avant que j'atteigne la fin de la prière, elle m'interrompit par un cri : « Et moi, pourquoi est-ce que je ne peux pas ?... » Elle me demanda cette nuit-là de ne pas la laisser seule. Je dormis sur le plancher.

Compassion ou orgueil, j'avais tellement envie de la sauver. Si j'avais cru vraiment ou si j'avais cru en un Dieu vrai, il eût été possible de la délivrer de ce vertige du néant. Du moins, je le pensais.

Ses poèmes continuaient de m'envoûter :

... Peut-être te reverrai-je.
Les fées reviennent l'hiver.
Joints par un sentier de neige,
nous ouvrirons des yeux clairs...

J'avais recopié ces lignes sur une photo représentant une tombe recouverte d'un épais manteau de neige. En les relisant aujourd'hui, je regarde les flocons danser à travers les carreaux. Les arbres et les toits sont blancs, immaculés.

Tu es morte, Agnès, d'avoir été soustraite à la douceur de Dieu par une époque qui a rejeté la foi. Et notre époque vomissait la foi parce qu'elle était écœurée par ses caricatures.

Avant de quitter cette planète, trop étroite pour tes rêves, tu m'as laissé le *Journal* où tu abritais tes pensées. J'y cherche la clef du labyrinthe où tu t'es perdue.

> *Je veux explorer tous les domaines. Je veux inventer de nouveaux dieux. On peut douter de tout. Par conséquent, on peut croire à n'importe quoi. J'aime mieux croire aux fées qu'à un Dieu créateur qui serait en droit de me le reprocher si je n'éprouvais pas le besoin d'adorer, mais seulement d'aimer. J'ai l'impression qu'Il veut fondre sur moi comme un grand aigle !*
>
> *On me fait conduire les enfants au catéchisme pour y apprendre le devoir et l'ennui...*
>
> *Quelle stupidité d'apprendre aux enfants la notion de péché ! Comme ils seraient heureux sans cela... Plus tard, il sera trop tard pour en guérir !*
>
> Je cherche une image pour la substituer à la mienne. Nul objet ne s'offre à moi qui soit digne de contemplation...
>
> *Sartre a raison : il n'y a pas de nature humaine. Mais qui accepterait de me donner une âme ?*

Le lendemain, tu semblais renier l'intuition de la veille :

L'univers de Sartre est vide. Il n'y a ni contradictions ni mystère. À quoi sert de détruire Dieu si c'est pour détruire toute la joie humaine ?

Te souviens-tu de la dédicace de ton premier livre, *Les Sauterelles,* une nouvelle très amère où l'amour devient un piège et une prison ?

Les vilaines petites filles assises sous le pommier discutent avec le Serpent qui leur tient des discours tendres.
Si tu passes dans le coin, ne t'assieds pas pour entendre.
Offre-leur des jeux qui conviennent à leur âge.
Peut-être te suivront-elles vers de plus calmes rivages...

Cette nouvelle (comme ce mot convenait mal !) devait d'abord s'appeler : « Le bonheur des noyés ». C'est moi qui avais porté ton manuscrit au « Seuil ». Ils avaient été enthousiasmés. Paul-André Lesort, qui m'avait accueilli, m'avait dit : « Votre amie vient de tel collège ? On y fabrique soit des oies blanches soit des révoltées. »

Agnès, tu as marqué mon cœur au fer rouge. Ta violence n'allait pas contre la société, comme celle des délinquants. Ton cri désignait un autre enfermement. Dieu te manquait tellement ! Tu me L'as montré, *en creux...* Tu t'en prenais à une certaine catéchèse anti-vie, anti-joie. Tu m'as transmis un flambeau d'inquiétude et le tourment de l'Essentiel. « La vraie vie est ailleurs », répétais-tu souvent. Je te voyais comme une jumelle de Rimbaud et d'Emily Brontë.

Si, à la place d'un Dieu-Amour, nous présentons un Dieu répressif et moralisateur, nous privons des multitudes de leur raison de vivre.

Cette intuition-là, je te la dois. Tu citais Nietzsche, parfois ! « L'Église combat les passions par l'extirpation radicale... Elle ne demande jamais de quelle manière on spiritualise, embellit, divinise un désir. La vie prend fin où commence le "Royaume de Dieu"... »

Certains me diront : « Vous avez été d'une grande naïveté de ne pas fuir à toutes jambes dès que vous avez réalisé qu'un sentiment amoureux naissait dans le cœur de cette adolescente ! » Il est facile de dire, après une issue imprévisible des événements, l'attitude que l'on aurait dû avoir ! Un peintre peut refaire son tableau de l'autre côté de sa toile. Nous ne pouvons pas retourner le temps ni entreprendre un autre destin. Notre vie est jalonnée d'erreurs. C'est cela le sérieux de la condition humaine !

Tous ceux qui ont connu Agnès (ses sœurs, sa mère, ses amis) m'ont dit : « Sa mort n'a rien à voir avec sa déception amoureuse d'adolescente. » Dans cette rencontre j'ai cru percevoir un appel. À travers un visage bien précis, tous les visages criaient leur tourment. Ce n'était pas une faim de pain, ni d'éducation, ni de santé ; c'était une faim de sens. Autrefois on mettait des canaris dans les sous-marins. Lorsque les oiseaux mouraient, on savait qu'il fallait faire surface, sinon l'équipage connaîtrait le même sort. Entre le dieu « comme une cerise sur le gâteau du dimanche » (Kierkegaard) ou le dieu « voleur des énergies humaines » (Rimbaud) ou le dieu « célibataire des mondes » (Chateaubriand) ou le dieu « vertébré gazeux »

(Nietzsche), Agnès avait-elle le choix ? Contrairement à la plupart de ses semblables, elle ne se résignait pas à cette « absence réelle ». Agnès est morte asphyxiée par un monde englouti dans la rationalité, un monde où les mystiques n'ont pas droit de cité. Les caricatures de Dieu ont généré l'athéisme. « Il n'y a pas que le besoin sexuel, disait Paul Claudel, Dieu aussi peut être l'objet d'un "refoulement" ! » — je cite de mémoire.

J'ai été fasciné par l'amitié d'Agnès. J'y ai vu le secret du monde. Je le retrouve aujourd'hui dans chacune de ses lettres.

> « Notre amitié, Stani, ne peut pas mourir. Elle a survécu à tout : au temps, à la distance, aux chemins différents que nous avons pris. Elle ne peut pas mourir. J'y pense avec une surprise émerveillée. Cette amitié est mon repos, mon seul domaine ouvert au vent qui ne porte aucun grain de sable. Ce qu'il y eut de non-prononcé entre nous vaut davantage à mes yeux que ce que j'ai traversé de gestes mécaniques avec d'autres. Tu sais bien, toi, que si je me moque tant des valeurs auxquelles je tiens, c'est que j'y tiens avec désespoir... »

J'ai réalisé devant sa souffrance qui dura encore de longues années combien la soif d'Absolu, lorsqu'elle n'est pas fondue au feu de l'Amour, peut ravager l'âme.

(Nous retrouverons encore Agnès un peu plus loin.)

9

LA FRINGALE DE L'HORIZON

> *« Chaque battement de ton cœur, chaque souffrance,*
> *chaque désir, chaque mélancolie du soir, chaque repas,*
> *chaque effort de travail, chaque sourire,*
> *chaque lassitude au fil des jours,*
> *chaque réveil, chaque douceur de t'endormir*
> *ont sens du dieu qui se lit au travers »*
>
> SAINT-EXUPÉRY (*Citadelle*)

Ce que nous avons vraiment aimé durant notre jeunesse, qu'il s'agisse de la mer ou de la montagne, de la poésie ou d'un être humain, nous l'aimerons durant toute notre vie. Nos racines plongent dans ce terreau. Notre jeunesse est l'engrangement de nos aptitudes à être touché. Notre jeunesse est notre capital de sensibilité, d'émotions, de convictions et d'enthousiasme.

Je venais d'avoir dix-sept ans, le jour où je fus accepté — après un stage de sélection d'une semaine — pour être une sorte d'ambassadeur auprès d'une délégation étrangère pour le Jamboree mondial de la Paix. Du 9 au 19 août 1947, quarante mille jeunes de quarante-deux pays furent rassemblés dans une boucle de la Seine, entre Mantes et Vernon. On me confia la délégation de Birmanie. Son chef, « U Win Pe », était un personnage important dans son pays.

Au cours de ce rassemblement international de jeunes, je me liai avec des Mexicains, des Cubains, des Indiens (en ces jours-là Gandhi obtenait l'indépendance de l'Inde), des Mélanésiens, des Philippins, etc. L'originalité des Birmans, que je découvrais, fit tomber mes œillères. Ainsi donc, nos mœurs d'Occidentaux n'étaient pas celles de toute l'humanité... D'autres manières d'être un *homme* fleurissaient sur la terre avec un autre parfum. Un désir naquit en moi qui, depuis lors, n'a cessé de croître : communiquer avec mes frères humains de la planète, découvrir d'autres références, d'autres visions du monde, d'autres mentalités, d'autres traditions, d'autres religions. La différence apparaît à beaucoup de gens comme un risque, une menace. Elle me semblait plutôt être la plus grande chance, la plus merveilleuse aventure[1].

Quel privilège ce fut pour moi d'être associé activement à une telle entreprise ! C'était comme si le monde de l'après-guerre se disait : il faut repartir sur d'autres bases.

Il est primordial de se connaître et de s'apprécier, de culture à culture, de pays à pays. La jeunesse est capable de ce défi.

En allant au Jamboree, j'avais engagé la conversation avec un homme de quarante ans rencontré dans le train, avec lequel j'eus des échanges intéressants. Il me laissa sa carte en ajoutant : « J'aimerais que tu me rendes visite. Ma porte t'est ouverte à toute heure du jour et de la nuit. » À la fin de ce rassemblement international, malgré mon désir de retrouver ma famille dans le Midi, je

1. Thème développé dans *Le Nomade de l'Éternel,* Stock.

partis en auto-stop vers le nord et parvins en pleine nuit devant sa maison. Il me reçut avec joie et nous restâmes cinq ou six jours ensemble, campant sur les falaises du Tréport, pêchant la sardine avec des marins pêcheurs sur un petit rafiot, marchant dans la campagne. Je n'avais jamais eu d'échange profond, prolongé et amical avec un homme dont j'aurais pu être le fils. Je ressentais le besoin de rencontrer un *adulte,* d'égal à égal. L'affection et l'estime que ce nouvel ami semblait avoir pour moi me stimulaient. Une longue correspondance commença entre Jean-Paul et moi. Je n'étais pas conscient, en livrant mes états d'âme, du risque de dépendance envers quelqu'un qui me les renvoyait caricaturés.

Jean-Paul était le sosie de Voltaire, perruque bouclée en moins. Ancien commissaire scout, il avait été surnommé « *Pivert persifleur* ». Il éprouvait en permanence le besoin de s'en prendre à l'Église institutionnelle. Elle était pour lui un scandale insurmontable. Une violence sarcastique envers elle imprégnait ses jugements. Avec ses sentences à l'emporte-pièce il s'amusait à « *faire le ménage* » dans la hiérarchie de mes valeurs.

Je retrouve quelques brouillons de mes lettres.

> « Je ne puis te décrire toute la lie des pensées qui me traversent. Le passé m'encombre. Lu récemment *L'Hermine* et *La Sauvage* d'Anouilh. Ce pessimisme correspond à ma nature. Je me tromperais peut-être en marchant sur une autre route. Je ne cesse de penser au mal que se font les êtres, sans le vouloir. La haine les traverse malgré eux. Peut-on s'arrêter de penser pour échapper à l'angoisse ?... Je suis incapable de te dire ce que je suis. Je m'en veux de douter de toi. Ta bonté

n'est pas de ce monde. J'ai peur de tout ce qui pourrait s'y mêler et que j'ignore. D'ailleurs je doute de tout. Les belles choses sont invisibles. »

Je retiens surtout qu'à dix-huit ans on peut être « encombré par son passé ».

•

J'étais résolu à passer trois années de ma vie comme *globe-trotter.* L'opinion familiale jugea ce projet irréaliste et compromettant pour un avenir professionnel. À cette époque-là, on ne devenait majeur qu'à vingt et un ans. Pour ne plus m'entendre répéter : « Tu ne peux jamais faire comme tout le monde », la mort dans l'âme, je renonçai à mes projets. Cette frustration creusa en moi un goût insatiable de voyager. Un retard donné à l'exécution d'un rêve, loin de le mutiler, peut le magnifier, l'agrandir à l'infini. Le jour où, sous la pression familiale, j'ai rangé ma carte du monde, j'ai signé pour de continuels départs.

Lors d'un camp de scouts aînés (routiers), dans la région de Manchester, je ne fus pas à l'aise avec les autres. Les conversations sur les intérêts respectifs de telle ou telle bière, telle ou telle marque de cigarettes, telle ou telle fille me plongeaient dans un ennui profond ! Trop désireux d'échanges essentiels, je négligeais les apprivoisements nécessaires. J'allais à la rencontre des habitants ou bien je marchais silencieux, comme un ours, durant des journées entières. La beauté mélancolique des lacs du Cumberland était un décor approprié.

Ensuite, je partis en auto-stop, seul vers l'Écosse, le pays de Galles et les Cornouailles anglaises. C'était une aimantation que je ne cherchais pas à m'expliquer. Je répondais à *l'appel du large.* J'étais plus vivant lorsque je marchais. J'avais faim de la beauté des paysages et je m'en imprégnais. Je marchais pendant des journées entières, ivre de liberté, grisé d'exister, exalté par une connivence entre mon cœur et les grands espaces. Je récitais des poèmes qui donnaient une âme à mon quotidien.

... Je m'en allais, les poings dans mes poches crevées.
Mon paletot aussi devenait idéal.
J'allais sous le ciel, Muse, et j'étais ton féal.
Oh là là, que d'amours splendides j'ai rêvées !
Mon unique culotte avait un large trou,
Petit Poucet rêveur, j'égrenais dans ma course
Des rimes. Mon auberge était à la Grande Ourse.
Mes étoiles au ciel avaient un doux frou-frou.
Et je les écoutais, assis au bord des routes...
(Rimbaud, « Ma Bohême »)

Dans un petit port des Cornouailles, je dénichai un bateau de pêche qui rentrait sur Lorient après la réparation d'une avarie ! Au cours de cette traversée, je connus, enfin, le mal de mer, ce mal qui vous fait entrer l'océan dans les entrailles ! Pour remercier le patron, je passai la journée à débarquer le poisson et à nettoyer le bateau. Ensuite, je continuai mon chemin, toujours en auto-stop ou à pied, vers l'Espagne.

L'année suivante, je partis à travers la Belgique, la Hollande, l'Allemagne, le Danemark, la Suède, la Norvège, jusqu'au-delà du cercle polaire. Disposant de très peu d'argent, il me fallait me contenter pour ma nourriture d'un morceau de pain et d'un litre de lait par jour. Parfois, en traversant les forêts, je m'octroyais un petit supplément avec des baies sauvages : des myrtilles, des fraises des bois. Ces souvenirs ont laissé en moi les traces des bonheurs les plus purs. Il m'est arrivé de boire des gouttes de pluie retenues au creux des feuilles dans les champs de légumes. Certaines feuilles, comme celles des choux, ne se laissaient pas mouiller par les gouttes d'eau, compactes, rondes, mobiles et argentées comme du mercure. J'étais émerveillé de cette complicité miraculeuse entre ces grosses perles transparentes tombées du ciel et ma soif. Je les savourais avec extase. Il m'est arrivé de dormir sans abri, sous la pluie, et d'éprouver au seul parfum de l'herbe mouillée une véritable euphorie. Me plonger au petit matin dans un torrent est encore aujourd'hui pour moi le luxe suprême.

Une nuit, j'avais élu domicile dans une cabane minuscule de la forêt norvégienne. Deux autostoppeuses anglaises sont arrivées alors que j'étais couché. Elles voulaient dormir aussi. Il n'y avait guère de place. Avouerai-je que j'ai peu fermé l'œil de la nuit ? J'écoutais la musique des respirations. Cette présence d'un autre être, différent, amical et parfumé, était déjà un assez beau cadeau !

J'aime me souvenir de l'accueil d'un marchand de meubles, en Hollande. Après m'avoir transporté dans sa voiture, il m'offrit pour dormir un grand lit dans une salle superbe. Quel ne fut pas mon étonnement, au réveil ! J'étais dans une devanture de magasin ! Le marchand, ne se souvenant plus de ma présence, avait levé le store. Les passants s'arrêtaient pour assister à mon lever. Je me sentais une âme de Roi-Soleil.

Je me souviens aussi d'une place de Göteborg en Suède. Vers une heure du matin, désespérant de sortir à pied de la ville tant elle était grande, je trouvai une caisse et me recroquevillai, m'abritant sous elle. Lorsque je me réveillai, je soulevai ma caisse ; j'étais au milieu de l'effervescence d'un marché.

Une nuit, toujours en Suède, je fus embarqué dans une voiture dont le chauffeur était accompagné de deux hommes. Ils quittèrent soudain la grand-route pour emprunter une piste caillouteuse à travers la forêt. Je ressentis un léger frisson de panique. Ils ne parlaient ni l'anglais ni l'allemand, seules langues grâce auxquelles j'aurais pu communiquer. Je me demandais ce qui allait m'arriver. Ils débarquèrent tout simplement l'un d'entre eux devant un chalet perdu dans la forêt et regagnèrent la départementale. Ensuite, les autres allèrent sur une grande plage, m'entraînèrent avec eux jusqu'à une petite cabane où se trouvaient deux couchettes. Ils me firent comprendre par un dessin qu'ils viendraient me retrouver vers neuf heures du matin. Ils vinrent, en effet, et me conduisirent à leur usine. Le patron prit le téléphone et me mit en communication avec une employée. Elle me dit en anglais : « Vous êtes français ? Le patron souhaite que vous chantiez : *La vie en rose* ». L'homme écouta, ravi : *« Quand il me prend dans ses bras... Qu'il me parle tout bas... »*

Plus cocasse encore fut la rencontre d'un homme qui tentait de doubler le camion hollandais sur l'arrière duquel je me trouvais. C'était au retour de ce long périple de six semaines. Je venais juste de franchir la frontière franco-belge. Par signes, je lui fis comprendre que cela ne me déplairait pas de changer de véhicule. Il doubla. Deux kilomètres plus loin, il fit arrêter le camion et m'embarqua. C'était une joie pour moi de retrouver la langue française après un mois d'efforts dans les langues anglaise et allemande. Il me demanda :

— Où passes-tu la nuit ?

— N'importe où ! Dans les champs... dans une maison en construction, répondis-je, fier de ma vie de spartiate.

— Je t'invite chez moi, dit-il sur un ton décidé.

Dîner aux chandelles. Omelette-jambon. Du Mozart en fond musical. Conversation remplie d'humour et de bonne humeur. Après le repas, il vit que mes paupières se fermaient toutes seules.

— Mon épouse est absente. Je n'ai qu'un lit. Ça ne t'ennuie pas ?

— Tu rigoles ? J'ai l'habitude avec mes frères !

Quitte à passer pour un niais je dois avouer que j'étais à des années-lumière d'imaginer la possibilité même d'un attrait physique d'un homme envers un autre. Assommé de fatigue, je m'endormis très vite. Je fus bientôt réveillé par des *travaux d'approche* bizarres. « Ça sent le roussi ! » pensai-je, sans pouvoir analyser ni comprendre. Sans réfléchir une seconde, je sautai du lit en gémissant : « Je suis malade, j'ai envie de vomir. » Il me donna des médicaments. Je fis semblant de les avaler. Puis je m'assis sur un fauteuil, me tenant le ventre en grimaçant comme en proie à de vives douleurs. Il se recoucha, m'invita à en faire autant. Je répétai : « Il n'y a qu'en position assise que je suis à peu près bien. » Je pus le quitter au matin en le remerciant chaleureusement pour son accueil... comme si rien ne s'était passé !

Le plus grand bénéfice de ce voyage fut, sans doute, l'intériorité et le silence. Il m'arrivait de ne pas rencontrer âme qui vive pendant une journée entière. La solitude renforçait le sentiment extraordinaire d'exister, d'être créé à un seul et unique exemplaire. Elle amplifiait aussi, sans doute, un certain narcissisme. Je pense à ce poème de Valéry où le prince des ténèbres dit : « Je suis cette inimitable saveur que tu ne trouves qu'à toi-même. » Impossible, ensuite, d'accepter sereinement de passer à ses propres yeux pour un simple tas de « misérables petits secrets » ou pour un peu de matière douée de psychisme.

J'avais perdu dix kilos mais gagné des tonnes de souvenirs !

À la fin de l'année 1950, je fus *appelé sous les drapeaux.* Deux projets avortèrent. L'un consistait à me faire envoyer à Berlin comme chauffeur d'un officier. L'autre à suivre une formation d'infirmier pour partir en Indochine. La situation devenait critique là-bas. Le général Giap recevait des renforts de Chine, et le corps expéditionnaire français connaissait de sérieuses pertes.

Finalement, ces demandes n'aboutirent pas et je fus incorporé au 4e régiment d'infanterie coloniale, basé à Toulon. Malgré mon antimilitarisme, je n'étais pas mécontent d'arrêter les études. J'étais un actif égaré chez les intellectuels. La philosophie que j'avais aimée avec passion m'avait mis le cerveau en état de quête permanente. Partir pour l'Afrique serait le meilleur antidote. Je ne fus pas déçu.

Trois mois à Toulon. Je demandai à être affecté au service de santé. Ce fut une déception réelle pour mon père. Il m'écrivit :

« C'est ton devoir de ne pas refuser un avancement. Je désire vivement que tu suives les cours d'élève-officier... »

J'ai retrouvé plus tard ma réponse dans ses papiers.

« Je ne suis pas né pour être militaire. Dans le peloton où tu veux m'*embobiner,* on me ferait ingurgiter des valeurs que je n'aime pas. Je n'y serais pas heureux et, par conséquent, je ne pourrais y faire aucun bien. Je veux garder le souvenir de parents qui ont laissé leurs enfants évoluer selon leur chemin. C'est tellement rare ! Cela peut te sembler inconsidéré, égoïste ou goujat. Je n'y peux rien.

Hier soir, je me suis bagarré avec le plus costaud de la section. Je l'ai battu par épuisement. J'ai gagné un *coquard* à l'œil et deux paquets de cigarettes. Le sang a coulé ; le peuple était content !

Aujourd'hui : mention *Supérieur* à toutes les épreuves sportives. Je saute un mètre cinquante... Je me rattrape ! (tu te souviens ?) Ce soir, l'adjudant a fait un discours à la cantine pendant le repas. Il terminait son speech par : "*Et que la dernière bouchée vous étouffe !*" et tous ont répondu "*Vive la coloniale !*" Je ne peux pas dire que je raffole de cette ambiance !... »

Durant ce séjour, j'ai monté une chorale à trois voix. Notre répertoire se composait surtout de *negro-spirituals.* Je fus aussi choisi par le capitaine pour animer chaque matin une demi-heure d'exercices de gymnastique. Commander un groupe de deux cents jeunes n'était pas désagréable.

Mais cette époque m'a laissé d'autres souvenirs ! Atmosphère lourde des casernes, maniement d'armes, exercices de tir. Le plus difficile à supporter fut l'obsession de pornographie de la part de quelques camarades de chambrée. Que signifiait cette surenchère dans la grossièreté ? L'être humain était-il donc à ce point déboussolé pour qu'il en arrive à ces débordements ?

Je ne connais pas d'école de puritanisme plus radicale que ces rires bêtes autour d'histoires salaces. Comment pouvaient-ils avoir une mère ou une sœur, ces garçons qui n'avaient que des termes de dénigrement systématique pour désigner la femme : « Toutes des salopes », « toutes des putes ! »... Ce dénigrement ne les empêchait pas de répéter : « Le cul, il n'y a que ça dans la vie ! » Ce qui me restait des lectures de Guy de Larigaudie et d'Antoine de Saint-Exupéry me rendait intolérables certaines pantomimes de chambrée. Je n'en estimais pas moins ces gars qui s'adonnaient à leurs mascarades grivoises, bien au contraire ! Plus je les considérais, plus j'étais saisi d'une immense désolation. Une telle carence n'était-elle pas un appel au secours ? Le mal et le malheur autour de nous, quelle provocation ! quelle provocation !

La relation amoureuse m'était apparue à travers des films comme *Les Visiteurs du soir* ou *Les Hauts de Hurlevent.* C'était pur et beau comme un manteau de neige. Et là, comme les neiges sales au bord des rues des villes du Nord, tout devenait de la boue. Ces jeunes de la « Classe 50/2 » n'y étaient pour rien. Ce serait un comble de leur reprocher de n'avoir lu ni Larigaudie, ni Saint-Exupéry, ni Claudel... Lorsque l'on sent monter en soi des pulsions qui ne sont pas sans connivence avec ces scénarios orduriers qui font la joie des bidasses, comment ne pas redouter cette part dérangeante de soi-même ? « Eh ! Les gars ! Il est puceau ! C'est pas possible ! Au secours ! Il faut faire quelque chose ! »

Je retrouvais volontiers deux camarades qui partageaient la même allergie ; Léo était ouvrier dans une fabrique de chaussures, membre d'une cellule communiste ; André était apprenti pasteur. Eux non plus n'avaient pas envie de condamner. Pour échapper aux miasmes des *histoires grivoises,* nous parlions de politique ou de religion. Me revenait une phrase de Gandhi : « Celui qui pense que la religion n'a rien à voir avec la politique ne sait rien de la religion ni de la politique. » Léo lisait *La Condition ouvrière* de Simone Weil. « Elle m'explique ma vie », me disait-il en cherchant le sens de dix à quinze mots par page à l'aide d'un dictionnaire. André, le protestant, m'offrit ma première bible. J'en recopiais des passages pour aider Agnès à ne pas mourir.

Je suis retourné, quarante-trois ans plus tard, dans la caserne où j'avais passé deux mois et demi, en 1950. J'ai retrouvé les lieux comme je les avais connus. La chambrée où nous demeurions était couverte des dessins les plus écœurants qui se puissent imaginer. Des fresques géantes. Un *Guernica* de vulgarité ! L'eau avait coulé sous les ponts, mais la blessure de l'être humain était restée la même.

Le plus souvent, j'échappais à l'atmosphère de la caserne en partant seul dans la nature. J'improvisais des chansons que je lançais à travers les collines aux environs de Toulon. J'ai retrouvé un extrait d'une lettre envoyée à mon jeune frère (je prenais souvent un double, avec un papier carbone) :

> « Le capitaine sous des dehors barbares se révèle compréhensif. Je lui ai demandé un piano, il a passé un coup de fil aussitôt pour en avoir un. Il me reproche de taper à la machine mes textes de chants, plus rapidement que son courrier. J'ai monté une chorale, le piano sera très utile.
>
> J'ai fait hier une balade magnifique à pied en partant du Brusc jusqu'à une presqu'île, Saint-Mandrier, d'où j'ai pris le bateau pour rentrer à Toulon. La Méditerranée bleu roi éclaboussait de lumière. J'ai marché longtemps en chantant, à mi-flanc d'une falaise de plus de deux cents mètres de haut. J'ai découvert une chapelle abandonnée et un phare à moitié détruit. J'aimerais passer quelques jours dans cette solitude... Pour déjeuner, je me suis contenté du fruit sauvage des cactus et des arbousiers...
>
> Tu me reproches toi aussi de ne pas suivre l'école d'officiers ! Crois-tu vraiment que seuls les *planqués* vont au Service de Santé ? Ne nous séparons pas bêtement pour des idées. Ne crois pas non plus que j'accuse quiconque. Je ne suis contre personne... Au nom de la « non-violence », ce serait un comble ! Je ne veux pas risquer d'être amené à tuer, c'est tout !...
>
> Je ne m'ennuie jamais. Je ne supporterais pas de m'ennuyer. Mais il existe tout de même des espaces où l'esprit s'éveille davantage que dans une caserne !... »

Puis, ce fut la traversée vers l'Afrique sur le *S.S.Medie II.* Une semaine environ. La crinière des vagues, les parfums d'Espagne, les poissons volants, la fumée du navire, tout était source d'inspiration. J'écrivais. Je dessinais. J'étais heureux ! On devrait être sensible à ce genre de boussole. Le bonheur ne montre-t-il pas la route à suivre ?

Voici des extraits d'une lettre à mes parents, commencée au départ de Marseille, terminée le jour de mon arrivée à Dakar :

> « Nous dormons dans la cale remplie de sacs de pommes de terre. Aucun hublot. L'air est vicié. Nous sommes là, trois cents jeunes conscrits bientôt en proie au mal de mer, délicieusement bercés durant la nuit. La surface mouvante d'une mer bleu roi resplendissante contraste avec notre projet sans envergure. Je reste des heures à la proue, la gueule prise dans un vent effarant. Silhouette brumeuse et bleutée d'une des îles Baléares. Joie enfantine comme ceux qui découvrent une terre inconnue. Le vent tiède transporte les parfums d'Espagne...
>
> Six d'entre nous avons formé un orchestre pour faire danser les passagers de première classe. Je sors pour contempler les étoiles qui se balancent autour du mât. La mer chauffée à blanc crépite de lumière. Dans le rond parfait des jumelles apparaît une forme très pâle, très légère, l'Afrique... À califourchon sur une barre assez haute, je tourne la tête en tous sens, impuissant à tout capter. Derrière les ciselures sombres du Rif se détache un croissant de lune

d'une extrême finesse, comme une corne de gazelle. Je chante des complaintes en espagnol. Nous croisons des barques de pêcheurs éclairées avec des torches.

À l'avant, pendant la nuit, je contemple des dauphins qui nous escortent. Ils frôlent la proue dans une gaine phosphorescente. Je dors sur le pont. Le froid me réveille souvent, ce qui me permet de contempler plus longtemps le ciel.

Je lis des poèmes de Cendrars. Le soir, je suis invité par le personnel des cuisines. Le cuistot veut que je l'accompagne à la guitare dans ses prestations de mandoline...

Sur la mer, la lune est posée comme une coupe. Je comprends qu'elle soit l'emblème de l'Islam. Entre trois et six heures, je dors sous la Voie lactée. Le bateau longe indéfiniment le Rio de Oro. Un roulis lent et tendre berce trois cents enfants recroquevillés sous le grand soleil. Beaucoup répètent : « Y en a marre ! » Je ne parviens pas à leur faire partager mon bonheur. Ce voyage est unique !

Nous lavons nos frusques. Le bateau en est pavoisé. Un banc de poissons volants passe devant nos yeux étonnés. Après avoir plané au ras de l'eau, ils plongent comme des pilotes *kamikazes.*

Dakar. Bruits. Musique des cordages tendus à l'extrême. Les dockers africains s'agitent dans tous les sens. Une clique de bienvenue nous casse les oreilles. Un policier noir me fait un grand sourire en voyant ma guitare. En entendant les charognards perchés sur les grues, en continuelles prises de bec, je pense au roman *Le Fond du problème* de Graham Greene que j'ai tellement aimé. »

10

UN HÔPITAL EN AFRIQUE NOIRE

« Les Blancs sont très fiers d'avoir inventé l'avion, mais ils n'ont pas inventé Dieu. »
(Parmi des graffiti trouvés à Dakar en 1950)

Je débarquai en Afrique le 12 décembre 1950, pour y rester jusqu'au 20 février 1952. Mes premières impressions confiées à mes parents sont plutôt joyeuses.

« On me remet une lettre de Bon papa. Il s'épanche sur la *fonction royale du soldat.* Réception à la caserne. Propagande et apéritif. Je passe mes meilleurs moments assis par terre avec des soldats africains intarissables sur l'art de capturer les singes ou celui d'enjôler une fatou ou la magie des grigris qui vous protègent des balles ennemies : "Je voud'ai êt'e blanc, mais je sais pas fai'la 'éclamation à Bon Dié !" Je lui affirme qu'il est cent fois plus beau que nous. Il se met à rire à gorge déployée.

J'admire ces narines ouvertes au vent, ces lèvres charnues découvrant le plus beau des sourires, cette peau qui a la couleur de nos origines, la terre. L'un d'eux me dit que son grand-père était un roi qui avait beaucoup d'esclaves. "J'aime les Eu'opéens qui co'igent les défauts de ma 'ace... S'ils n'étaient pas venus, on au'ait a'osé ma tombe avec le sang des esclaves. J'au'ais t'ouvé ça logique !" Ils m'ont tous promis de m'initier à leur vie africaine.

Je ne cesse d'admirer les *fatous* (femmes africaines) à la démarche élégante et fière. Les unes balancent leurs bras légèrement pliés. Les autres ont les mains sous les fesses de leur amour de petit négrillon endormi, perché sur leur croupe. D'autres ont les bras comme des anses pour tenir un baquet posé sur leur tête. Des jeunes filles dansent en marchant. Dans leurs vêtements amples et colorés, ce sont de vraies merveilles. Hier, j'ai suivi à travers les ruelles un Noir qui chantait d'une voix douce "Hosannah... Alleluia". J'ai perdu sa trace lorsqu'un mendiant m'a réclamé de l'argent "pour acheter cola". Je lui ai acheté sa noix et en ai pris une pour moi. C'est terriblement amer. Trois aveugles se tenaient par l'épaule. Celui qui était devant portait une boîte de conserve et répétait : "Sarité dimasse". J'ai mis du temps à comprendre qu'il s'agissait de "Charité Dimanche". Des bambins dansent de joie à la devanture des magasins de jouets. Les jouets de France, ici, coûtent deux fois plus cher !

À l'instant où je vous écris, dans la carrée de vingt lits, un Noir chante un air mélancolique, en tourmentant sa guitare... »

À mon grand-père, lyrique sur la vie militaire, je répondis :

« La vie militaire me prend à rebrousse-poil : "À gauche, gauche ! À droite, droite !" sous un soleil torride. Ces aboiements prêtent à rire...

À midi, aujourd'hui, un adjudant écarlate, puant le vin à distance, se met à hurler : "Le premier qui se saoule, je le descends à coups de poing". Il y avait déjà une dizaine de gars sous la table. Le Margis nous a dit le premier jour : "Il y a parmi vous des étudiants. Je les aurai à l'œil. Je ne laisserai pas les idées communistes entrer ici !"...

Tout ici est fait pour nous dégoûter de tout. Je m'efforcerai de faire contre mauvaise fortune bon cœur.
Malgré mon air rêveur et j'm'en-foutiste, j'ai horreur de perdre mon temps. La vie est trop courte pour être gaspillée. Les hommes, qu'ils soient vêtus de bleu, de blanc ou de kaki, sont tous des hommes, mais ici j'ai le sentiment qu'ils vivent à l'envers de leur vraie nature. Nous n'avons pas été inventés pour envoyer des obus dans le ciel ou dans la mer.

Merci de vos lettres. Je crois à la sagesse des anciens. Chez les Africains, les vieillards sont écoutés. Je vous envoie une fleur de bougainvillée. Elle était fraîche, rose et riante sur son arbre. Elle a séché entre les pages des *Méditations métaphysiques* de Descartes.

Je viens de monter la garde, droit comme un piquet, pendant six heures cette nuit (trois tranches de deux heures). Je n'ai presque pas fermé l'œil. Il faut ensuite être à l'*instruction* comme les autres. Démonter une mitrailleuse ne me remonte pas le moral ! Le peu de moments libres se passe à recopier le règlement... Ne m'envoyez pas d'argent. Les joies qui ne s'achètent pas sont les plus belles... »

À l'approche de Noël, un officier demanda des volontaires pour organiser une veillée pour les enfants d'officiers. Je me lançai dans l'entreprise. Je me souviens surtout d'un sketch. Je mimais un dessin animé de Walt Disney :

> « Il était une fois en Andalousie une prairie où jouaient de petits taureaux. (Là, me mettant à quatre pattes, je fonçais, faisais des bonds de trois mètres, ruais, donnais des coups de tête dans tous les sens.) Mais dans un coin de la prairie, sous un gros chêne-liège, se trouvait un taurillon nommé Ferdinand. Il n'aimait pas les jeux violents. Il n'aimait que le parfum des fleurs. Sa mère se désolait (mime de la mère). De grands messieurs recherchaient des taureaux pour la corrida de Madrid ! Ils ne furent pas satisfaits par les prestations diverses. Ferdinand qui s'en fichait n'avait pas vu une guêpe qui vint le piquer. Il partit comme une furie, brisa plusieurs clôtures, s'arrêta, les yeux flambants de colère. Malgré les efforts du matador et du toréador, on ne put rien tirer de ce taureau poète. Il se refusa au combat. On dut le reconduire sous son chêne-liège favori. Il eut de nombreux enfants auxquels il enseigna la beauté des fleurs. »

Ce scénario, trop résumé, ne peut guère donner une idée des inénarrables mimiques qui accompagnaient le texte... Ce manifeste antimilitariste me valut quelques soupçons de la part des officiers et un franc succès auprès des camarades...

Un adjudant nous projeta un film pédagogique de « combat rapproché ». Comment plonger les doigts dans les yeux de l'adversaire. Comment le neutraliser d'un coup de pied dans le bas-ventre.

Comment utiliser le poignard. Le commentaire final était : « Jeunes gens, il vous faudra accepter cela ou choisir l'objection de conscience ! » L'adjudant, sur un ton gouailleur, ajouta à la fin : « Rougier n'a pas l'air d'aimer ! » Sur le même ton, j'ajoutai : « Oh si ! j'adore ! » Si on nous avait montré un film sur les exploits extrêmes de John Rambo, on aurait fait de nous des tueurs d'élite, sans aucun doute. Mais cette cruauté de laboratoire me semblait grotesque.

Ernesto Che Guevara disait à ses hommes : « Vous pouvez être amenés dans la lutte à faire des choses dures, mais ne vous départez jamais de la tendresse. »

Peut-être le pacifisme était-il en moi une sorte de protection contre les élans spontanés de mon agressivité. Depuis cette époque, j'ai pu revoir deux ou trois fois, avec passion, des films de guerre comme *Le Jour le plus long, Les Canons de Navarone, Les aigles attaquent, Le Pont de la rivière Kwaï,* etc. Aujourd'hui encore, j'éprouve une sorte d'exaltation en lisant des récits de la Résistance. J'ai un grand regret de n'être pas né six ans plus tôt. La *résistance* à un adversaire me semble être une des meilleures conditions pour donner aux hommes l'occasion de se dépasser dans le don de soi ! Encore une fois, comme pour les études ou pour la sexualité ou le travail, ce qui me semblait aberrant, révoltant, contre nature, c'est *la guerre pour la guerre, l'étude pour l'étude, le sexe pour le sexe, la discipline pour la discipline.* On peut être amené à prendre les armes, mais trouver du plaisir à tuer est d'une laideur qui fait vomir. Sans vraiment les connaître, je ressentais la vérité des propos de saint Paul : « J'aurais beau livrer mon corps aux flammes, si je n'ai pas l'amour, c'est seulement du bruit ! »

Un jour, un soldat refusa de se dénoncer pour une faute minime. Nous fûmes *consignés* (interdits de sortie). Je suggérai que nous allions tous nous présenter à la prison de la caserne pour y être incarcérés. Nous y sommes partis en chantant : « Un margis, c'est triste ; deux margis, c'est plus triste encore ! » Il n'y avait pas de place pour quarante dans la prison. Le maréchal des logis était en rage. Ce n'était pas facile de rendre la vie de caserne vivante ou drôle.

Un jour, on nous fit faire une dissertation sur le thème suivant : « Dites ce qu'évoque pour vous le mot Patrie. » Je me laissai aller à mon lyrisme naturel. Je citai les auteurs qui font vibrer la corde sensible :

Salut, ô premiers morts de nos premiers combats
Ô vous, tombés au seuil de la grande espérance...

Mon texte reçut la note 19/20 et fut envoyé au *Général Commandant Supérieur* Borgnis Desbordes, *Gouverneur d'Afrique Occidentale Française.* Voyant mon nom sur la copie, le général se souvint de son ami d'enfance, Dominique Rougier. Or Dominique était mon père ! Le Grand Chef me fit venir dans son palais. Aussitôt, je suggérai à mon père d'écrire au général. J'ai eu connaissance de sa lettre tout récemment, à l'occasion de fouilles dans de vieilles malles qui ont échappé à un incendie de la maison familiale. Il parle au général de mon ardent désir d'entrer dans le service de santé. « Merci de l'adopter. C'est une belle nature pleine de ressources, de dévouement et d'originalité. » Que n'ai-je eu connaissance plus tôt de ce texte ! J'avais le sentiment de peser si peu dans le cœur de mon père. Je fus invité plusieurs fois à déjeuner chez le général. Notre conversation ne manquait pas de sel ! Antigone et Créon. La contestation du jeune et la force tranquille du chef.

Avec Léo, mon ami communiste, j'allai rendre visite à un leader du RDA (Rassemblement démocratique africain). Nous courions là un risque certain. N'étions-nous pas dans l'Empire français d'Afrique occidentale ? J'avais le don de marcher sur la queue du lion qui dort. L'ami Léo ne débordait pas d'humour. Un jour, il me demanda : « Où vas-tu ? » Je lui répondis : « Je vais nager au large. Il me faut devenir un champion au cas où je devrais m'évader des camps de Sibérie. » Il n'aimait pas du tout que je l'agace sur ce chapitre !

André, le protestant, était bien dans sa peau. Il m'initiait à la Bible. Un jour où je m'étais emporté contre une mesure injuste de l'autorité, il s'était approché, écartant ses paupières, et m'avait dit : « Tu ne vois pas une poutre dans mon œil ? » Je ne connaissais pas le verset de l'Évangile utilisé ici dans le vif ! Lorsque je compris l'allusion je fus durablement touché ! Il m'emmenait parfois assister à des conférences du pasteur Benignus. Un dimanche, avec un groupe de jeunes protestants, nous sommes allés jusqu'à Saint-Louis en camion. Les amies d'André lui disaient : « Pour un catho, il est sympa, ton copain ! »

De ce temps de Dakar, j'ai gardé surtout le souvenir des gardes nocturnes. J'aimais ce silence à peine dérangé par le murmure des vagues contre la falaise. Je lisais ou j'écrivais des poèmes. La nuit, on alternait : deux heures de garde, deux heures de sommeil, tout habillés, sur un plancher incliné. On nous servait du *gros rouge* à volonté. Il était des soirs de chagrin où on en abusait, juste pour voir des *éléphants roses* !

Un jour, j'avais piqué une colère parce qu'un voisin de chambrée lançait des pierres sur un nid de vautours, à dix mètres de nous. Comme je restais à la fenêtre pour évaluer les dégâts, un de ces grands oiseaux se précipita sur moi et me balafra le visage. Les copains n'en pouvaient plus de rire : « Tu te mêles de défendre les charognards. Tu vois comme ils apprécient ! »

J'étais comme le dromadaire qui n'a à ruminer que la ronce et l'épine. « Je me sentais sans clef de voûte... Elle s'était tue, la voix qui parle dans le silence... J'étais pareil à une maison inhabitée... J'étais somme d'épis et non plus gerbe. Et je connus l'ennui qui est d'abord d'être privé de Dieu » (Saint-Exupéry, *Citadelle*)

Il y eut de grandes manœuvres dans l'arrière-pays, près de Thies, par quarante degrés à l'ombre. Nous rampions sur les coudes, avec un fusil dans les bras, au milieu des *cram-cram* (graines hérissées de pointes qui s'infiltraient sous les vêtements). En dépliant une tente, je fus piqué au doigt par un scorpion. Mon bras fut paralysé pendant quarante-huit heures... c'est tout ! Je pouvais m'estimer heureux ! Durant ce séjour, j'eus l'occasion de couper à la hache, sur un billot, la tête d'une trentaine de canards. Ils couraient dans tous les sens, sans leur tête. Ah ! Les belles distractions de la vie de caserne !

Après une préparation au *service des infirmiers coloniaux,* je partis de Dakar pour Bobo Dioulasso, en *coopération* avant l'heure. Ce voyage fut féerique, en train jusqu'à Bamako, et en autocar ensuite. Quelle splendeur... à m'arracher des cris ! Je découvrais « l'anthologie de la poésie nègre ». « J'ai soif. J'ai soif d'espaces et d'eaux nouvelles, et de boire à l'urne d'un visage nouveau sous le soleil » (Senghor).

Dans une lettre à mes parents, j'évoque ce voyage de six jours :

> « Arrivé en sueur à la gare, je grimpe dans le petit train du Far West bondé d'indigènes, avec tout leur attirail tellement hétéroclite de baluchons et de calebasses. Je me suis fait très vite des connaissances. Dormi au clair de lune sur la plate-forme extérieure du dernier wagon. À neuf heures du matin, nous entrions au Soudan. L'herbe était drue, d'un vert très particulier, semblable aux plumes des perruches. Les arbustes devenaient plus compacts. De longues croupes rocheuses surgissaient à l'horizon. Le wagon n'avait pas de compartiments. Les hommes dormaient, leurs pieds nus bloqués sur le dossier de la banquette.
>
> Nous sommes arrivés à Bamako à minuit. Je téléphone à la caserne pour prévenir. En attendant le camion (nous sommes huit), je déballe ma guitare et chante : *À Bamako, les filles sont belles...* La lune pleine, entre les arbres, a mis ses plus beaux halos. À la caserne, on me signale que je suis désormais hors cadres, et qu'il n'est pas question de me nourrir pendant les trois jours où je dois attendre la correspondance de l'autocar. Quel bonheur ! Trois jours de balades ! La ville européenne est au centre, disparaissant sous les arbres. Tout autour, ce sont des maisons de terre à perte de vue.

Un peu à l'écart, impassible et majestueux, coule le Niger. Il n'est pas noir ; il a la couleur de la boue.

Des nuages épais d'énormes chauves-souris traversent le ciel rouge du soir en criant. Un millier d'entre elles suivent le bac jusqu'à l'autre rive où se trouve un village de paysans. Le lendemain matin, je pars en pirogue avec des gamins qui pêchent au filet. On avance avec une longue perche. Je savoure l'immense privilège d'être introduit dans les milieux africains où le Blanc ne va pas. Le jour suivant, j'ai aidé un jeune Mossi à refaire son toit. Il m'a invité dans plusieurs familles. Les jeunes filles font une révérence jusqu'à terre pour m'accueillir. Leur chevelure le plus souvent est taillée comme un damier avec une crête qui se prolonge en natte. Je dessine sans arrêt.

À Sikasso, nous avons dormi dans un petit boui-boui pour voyageurs. Sur la porte, il y avait une inscription à la craie : "Ici on boi glacer". Il y avait un phono. J'ai mis un disque de danse du pays, à la grande joie des fatous. Dans le village de Sikasso, j'ai erré sur les chemins de terre. Des gamins tout nus me regardaient comme s'ils n'avaient jamais vu de Blancs.

L'accueil à l'hôpital est chaleureux. Je dors dans une chambre de malade. Dans cinq jours, j'aurai une pièce qui sert de débarras. »

J'habitais donc à l'hôpital, dans une chambre minuscule, avec un lit de fer pour seul mobilier et une lampe tempête pour tout éclairage. Je n'avais pas un sou. Je ne possédais qu'une guitare et un livre de Saint-Exupéry, *Citadelle,* en feuilles devenues volantes à force d'être lues. J'étais heureux d'être enfin à l'œuvre, de soigner, de contribuer à guérir quelques-uns de mes semblables. Existe-t-il satisfaction plus grande que de se savoir utile ? Existe-t-il bonheur plus intense au monde que de faire naître un sourire sur un visage triste ou douloureux ? Enfin, mon cœur battait à plein régime, sans temps mort ! Le contraste avec la vie de caserne, insipide, décuplait mon bonheur. Je ne touchais aucun salaire sinon quelques paquets de cigarettes (pour entretenir les poumons sans doute !).

Hors du temps de service je demeurais des heures au chevet des malades. Je leur lisais des textes de Léopold Sedar Senghor, sénégalais, d'Aimé Césaire, martiniquais. La qualité d'écoute des malades retentissait sur moi. Bloquée par l'émotion, ma voix se nouait parfois dans ma gorge. C'est dans ces chambres d'hôpital, sans doute, que s'enracina ma vocation à l'écriture. Je découvrais combien ce que l'on nomme littérature peut être l'âme d'un peuple. La vie contemplative, ce n'est pas seulement se prosterner devant Dieu, mais c'est aussi découvrir l'épaisseur sacrée du réel le plus apparemment profane, la grandeur de la vie lorsqu'on y lit la trace du passage de Dieu. J'étais captivé par la beauté des visages et par le pouvoir sur les cœurs d'une certaine musique des mots.

Femme nue, femme obscure,
fruit mûr à la chair ferme,
sombres extases du vin noir,
bouche qui fait lyrique ma bouche,
savane aux horizons purs,

savane qui frémis aux caresses ferventes du Vent d'Est...
(Senghor, « Chants d'ombre »)

Sur un cahier d'écolier, j'affirmais naïvement des convictions humanitaires :

> « Les Blancs véhiculent une image caricaturale des Noirs. "Y a bon Banania !" On bêtifie. On croit s'adresser à des êtres incapables de penser. Ils sont aux yeux des Blancs de grands enfants : turbulents, paresseux. Je ne connais pas un seul Blanc qui soit indemne de sentiments de supériorité. Je ne connais pas un seul Blanc non raciste à son arrivée qui ne le devienne dans les trois mois...
>
> La valeur d'un homme, pour les Blancs, se mesure à son intelligence technicienne. Alors, pour eux, le Noir est un primitif. Plus le Blanc se comporte en humiliateur, plus le Noir est tenté de baisser la tête, de flâner. Les Blancs montent en épingle tous les jours les travers de leurs boys. "Qui sème le vent récolte la tempête" ! Le paternalisme engendrera la susceptibilité. Le mépris engendrera la rancœur. L'humiliation engendrera la haine...
>
> Le Noir joue le rôle de bouc émissaire. C'est commode pour les Blancs qui n'ont guère de personnalité de se libérer ainsi de leur complexe, croyant trouver plus nul que soi. Il est tellement facile de dénigrer ceux que l'on ne veut pas aimer, ceux que l'on exploite !...
>
> Les Africains sont souvent découragés parce qu'on ne les fait pas réellement *participer.* On leur inculque la soumission. Je ne veux pas

parer le Noir d'une auréole qu'il ne m'a pas demandée, mais sa façon d'être me séduit. Je me sens plus proche des Noirs que des Blancs. J'ai plaisir à leur conversation, à leurs repas, à leurs chants, à leurs danses. Leur langage truculent, savoureux, m'enchante. Ce chauffeur qui parle d'un carburateur en disant : "Une petite casserole où l'essence, elle y démerde..." Hier, un malade auquel je faisais une piqûre de strychnine me dit : "Ça c'est cousin scorpion", etc. Langage débarrassé des abstractions, poème à la gloire de la vie. »

Le racisme me mettait dans un état violent. Les racistes étaient blancs, et j'étais un Blanc. Comment me faire pardonner sinon en redoublant de respect ? Aux yeux des Blancs, tout ce qui était africain était nul. Les Blancs apportaient la *civilisation.* Donc ils étaient les maîtres. En réalité, en dehors des soins médicaux, qu'apportions-nous ? Les jeunes Africains faisaient la queue chaque dimanche au cinéma. Des films débiles étaient proposés. Quelle pollution des âmes ! Les écoles de l'État ne formaient que les garçons. Seuls les missionnaires ouvraient leurs écoles aux jeunes filles. Ce qui aurait pu être une magnifique rencontre des cultures fut, en réalité, un « rendez-vous manqué » !

Le racisme ! Quel mystère ! Vient-il d'un doute sur soi-même ? On se donne une importance factice en établissant des comparaisons. « Si j'appartiens à tel clan, je suis quelqu'un ! » Comme si notre valeur consistait en une quelconque appartenance ! Certains poissons (les diodons) multiplient leur volume par cinq pour effrayer un éventuel prédateur. De plus, ils sont bardés d'épines !

Est-ce un instinct semblable qui pousse le raciste à se croire *au-dessus* des autres ? Mais l'être humain n'est pas tout à fait un animal comme les autres. Il ne peut s'accomplir que dans la solidarité, l'échange, le partage. Si les hommes ont le même Créateur, le même Père, le racisme devient absurde. Mon intolérance au racisme omniprésent postulait la présence d'un Dieu père des hommes. Mais je ne le savais pas !

Cette intolérance venait sans aucun doute de ma culture chrétienne, mais je l'ignorais.

J'écrivais à mon grand-père :

> « On dit que les Africains sont des j'm'en-foutistes, mais on ne voit pas que c'est de notre faute. On les habitue à vivre sous l'injure. Les anciens colons me répètent : "Tu changeras vite d'opinion. Tu verras comme ils s'en croient !" Ils ont bien raison de s'en croire. C'est une réaction de survie... L'adjudant-chef a eu jadis soixante jours d'arrêt pour avoir crevé le tympan d'un Africain. Il continue à humilier ces hommes, à les cogner d'une telle force que ces coups leur font venir le sang aux yeux. Saurai-je me garder de la révolte ? Nous ne sommes pas dans *l'île d'Utopie*, me direz-vous...
>
> Je suis impressionné par tous les jeunes Africains qui ne trouvent pas de profession à la mesure de leurs aspirations. Des centres d'orientation seraient bien nécessaires. Les prisons sont remplies de jeunes qui aspirent à la démocratie. L'AOF vit sous un régime colonial. On ne prépare guère l'émancipation... »

En Afrique, je découvrais la vie réelle, la vie *toute crue.* Les études scolaires m'avaient abruti. Les soupirs des romantiques et les rancœurs de certains athées contre l'existence m'avaient saturé de mélancolie. Là, je me laissais emporter par le courant des rencontres. À la saison des pluies, je me joignais aux enfants africains pour plonger dans le lit du marigot. Le mince filet d'eau que l'on nommait ainsi se transformait pour quelques heures en un fleuve rouge brique. Les jours de congé, je partais dans la brousse avec une cinquantaine de jeunes. Un matin, dans un marécage, nous avons procédé à une bataille rangée, en deux camps. Faute de boules de neige, nous prenions des boules de terre glaise mouillée. Après une heure de combat, nous avons beaucoup ri en constatant que nous avions enfin, eux et moi, la même couleur : un beau gris cendré !

À force d'aspirer les parfums, mes narines s'agrandissaient comme celles des Africains. Inoubliable odeur du beurre de noix de karité dont les murettes autour des cases étaient imprégnées. Mes oreilles faisaient provision de musique. Tam-tams et balafons ne s'arrêtaient pas un instant, de jour comme de nuit. Près des cases, les femmes faisaient la cuisine en dansant. Elles dansaient avec un bébé sur la croupe. « Les Noirs dansent avant de marcher », pensais-je ébloui ! Mes yeux captaient les beautés multiples : les arbres, les cases, les visages, la couleur rouge de la terre, le vert très vif ou le jaune paille des hautes herbes. J'étais en extase devant les grands palmiers (roniers) qui s'élevaient très haut dans la brousse.

Mon service à l'hôpital accompli, je partais dans un quartier de banlieue. Là, je retrouvais de nombreuses familles et surtout mon ami Moïse, manœuvre dans un garage, toujours prêt à réunir des jeunes pour des palabres interminables. Je l'ai revu là-bas quinze ans plus tard avec une ribambelle d'enfants. Ces retrouvailles nous ont fait pleurer de joie.

Voici un extrait d'une lettre que j'adressai à mon père :

« Dimanche dernier, j'avais réussi à obtenir un camion et nous devions, des jeunes Africains et moi, aller nous baigner dans le Kou, merveilleux ruisseau avec sa forêt géante. La guimbarde a crevé au bout de cinq kilomètres. J'avais une forte migraine et j'ai contemplé ces garçons sous le soleil et sous la pluie ; ils ont réparé jusqu'à plus de dix fois avec de la sève de liane-caoutchouc et un morceau de sandale (semelle composée de chambres à air superposées). Exténués et à jeun, ils sont rentrés tard chez eux. Moi, j'avais plus de 39° C de fièvre. Cela ne valait pas le Kou (!), mais ce sera mieux la prochaine fois...

Je suis souvent dérangé par les malades qui sonnent la nuit. Hier, un malade voulait que je ferme les volets de la véranda. Il avait peur que la pluie vienne jusqu'à son lit. Je le lave tous les jours. Il est énorme et pèse plus de cent trente kilos. Quand on change ses draps, je le prends à bras-le-corps et je chante une chanson que tu chantais autrefois : "Je te sens dans mes bras si petite..." J'ai eu des ennuis avec l'infirmière-chef. Il lui avait répété une parole que je lui avais dite pour rire : « Moi, les femmes, j'aurais tendance à m'en méfier. C'est un nid à tuiles ! » (Il m'avait parlé de son épouse qui l'avait plaqué !)

1er octobre. C'est la rentrée des classes, pour moi aussi. De onze à douze heures, je fais travailler les deux enfants du gestionnaire de l'hôpital. C'est réellement passionnant. Ils ont sept et dix ans. Orthographe, explication de mots... choses très simples qu'ils apprennent comme en jouant. Moi-même, je réétudie avec grand plaisir un livre de français de classe de 6e...

Grâce aux pluies, des feuilles nouvelles s'ajoutent au vert des arbres et ce sont presque les couleurs de l'automne ! Bien que je n'aie guère de contacts avec les Blancs, leur vie me fait un peu peur. Cela m'a tout l'air d'un vrai cimetière pour Européens. L'alcoolisme et la syphilis ont marqué plusieurs victoires. La petite Mabria, aussi, est morte ; cette fillette ne pleurait pas pour sa piqûre alors que sa voisine, à peine malade, hurlait pour le thermomètre. Un jour, pendant que je la portais pour les soins et qu'elle m'enlaçait de ses bras squelettiques, elle m'a parlé dans sa langue. Je ne m'y attendais pas et j'ai failli éclater de rire. Elle est morte aujourd'hui. C'est fou, l'impression que cela fait de voir tout ce qui entourait la vivante et qui ne sert plus à rien. Je lui mettais, parfois, son petit frère de deux ans près d'elle, pour qu'elle le regarde sourire. Ce chenapan, un jour, m'a pissé dessus. Il était très content. Sa mère en couinait d'attendrissement, avec ce *Hii-Hii* si drôle, propre aux femmes africaines. En même temps, elles cachent avec les poings leurs dents taillées selon la coutume. Ce matin, sur le flacon de pénicilline, j'ai rayé *Mabria* pour marquer *M. Maisonneuve*... »

En rendant visite au corps de Mabria à la morgue, j'ai pleuré. La mort, tellement contre nature, me jetait au cœur d'une réalité qui modifiait la vie, lui faisait perdre sa désinvolture. « Seigneur vous avez mis dans mon cœur l'horreur de la mort. Mon âme n'a pas tolérance avec la mort » (Claudel).

Mes rencontres étaient un cadeau somptueux offert à chaque pas, au coin de la rue, au bout du terrain vague. Ah non ! l'enfer, ce n'était pas *les autres.* Les autres étaient le paradis !

Je me revois errant sur les rives du Niger, à Bamako. Je m'y rendais de temps en temps pour accompagner des malades transférés d'un hôpital à un autre. Là où dix ans plus tard je retrouverai une ville ultra-moderne, des pirogues sont amarrées sur des berges de terre battue. Des jeunes femmes en pagne lavent leur linge en chantant. Un homme transforme un tronc d'arbre en pirogue. Il me prête sa petite gouge à manche court, rit devant mes pitoyables efforts. Puis il m'invite chez lui pour le repas et la soirée. Dans sa cour, sous les étoiles, il dévoile ses pensées les plus intimes et me parle de l'infini de son Dieu. Comment ne pas me laisser *évangéliser* par ce musulman ? En ce temps-là, je ne fréquentais pas beaucoup mon Créateur. Je pensais à Lui pour me plaindre des imperfections de ce monde, dont mes auteurs familiers L'avaient déclaré coupable. Et voilà que j'étais transporté d'émotion religieuse par un Africain inconnu. Son visage était éclairé par une lampe à huile. Quelle noblesse ! Quelle fierté de se savoir créé par Dieu et d'être Son lieutenant sur la terre ! Ses propos rendaient cohérent le monde. Comme de la limaille de fer qui forme un dessin autour des pôles d'un aimant, les réalités de l'existence étaient rassemblées par *ce nœud divin qui noue les choses* dont les pages de *Citadelle* ne cessaient de me parler.

L'Islam joua en moi un rôle de catalyseur. Quelle ferveur à parler de Dieu chez mes amis musulmans ! Un jour, l'un d'eux âgé de vingt ans comme moi me dit : « Excuse-moi cinq minutes, il faut que je prie. » Et il déroula un petit tapis sur lequel il se livra à des prosternations, sans aucune gêne. Qui saura jamais l'influence sur nos vies d'événements de ce genre ? Regarder quelqu'un qui prie, n'est-ce pas croiser Dieu sur sa route ?

Un jour, à Bamako, je saluai un jeune qui réparait le toit de sa case. Il se nommait Jean-Pierre Ouédraogo. Il me demanda un coup de main. Pourquoi pas ? J'étais libre toute la journée. Quelle joie de refaire en quelques heures une toiture de terre argileuse soutenue par des branches ! Le soir venu, il m'invita à une soirée chez un ami. Les jeunes filles étaient belles. Elles dansaient avec un rythme incomparable. Mes invitations à danser devaient être accompagnées de quelques propos rassurants. Le garçon qui m'avait conduit là s'en chargea. Danser avec un Blanc représentait en effet un risque non négligeable aux yeux de ces demoiselles. Le matin même, je ne connaissais personne parmi tous ces jeunes qui m'accueillaient avec tant de gentillesse. Déjà je m'adonnais à ce qui devint un de mes loisirs favoris : dessiner des visages, capter sur un carnet une expression. C'était comme un temps de pure contemplation. Rien ne me semble plus beau au monde qu'un visage humain !

J'avais appris dans un dialecte africain des questions que l'administration de l'hôpital me demandait de poser aux malades. Parmi celles-ci, il y en avait une qui concernait la religion. Il ne fallait pas demander : « Quelle est ta religion ? » Le mot était trop abstrait. Il fallait demander : « Est-ce que tu dis : "Mon père" ? » Si la réponse était « Oui », le patient était catholique. À la question : « Est-ce que tu pries ? », une réponse positive désignait le musulman ! Ce vocabulaire était plutôt réducteur. Christianisme : tu es inféodé à l'Église. (« Mon père » : il s'agissait du missionnaire.) « Islam » : tu es en relation avec Dieu !

Avec mon ami Moïse, j'allais parfois me joindre aux réunions de jeunes travailleurs chrétiens. J'étais le seul Européen. J'écoutais ces jeunes évoquer les mentalités qui font obstacle à la dignité de l'homme. L'Évangile était pour eux le levain d'une culture africaine nouvelle. Au nom de leur dignité de fils de Dieu, certains comportements leur semblaient intolérables (la coutume de la dot qui empêchait des pauvres de se marier, l'usage du poison pour se venger, l'attitude humiliante des petits chefs, etc.). Je me sentais de plain-pied avec ces jeunes de mon âge. Ils me disaient parfois : « Tu es plus africain que nous ! » J'acceptais des invitations fréquentes dans leurs familles. La chaleur de leur accueil volatilisait toute timidité. Le repas se composait d'une pâte grise, épaisse : le mil. On en prenait une bouchée avec la main et on la trempait dans une sauce gluante, très pimentée. La première fois cela me parut épouvantable ! Mais un grand sourire de mes hôtes me signifia que j'avais réussi mon examen de passage.

Pour la nuit de Noël dans le quartier de Bolomakoté, j'avais organisé une veillée. Cela nous avait demandé plusieurs soirées de préparation, surtout pour les chants. J'avais rendu visite à un marabout pour qu'il me prête un vieux gramophone à manivelle avec des disques africains. Il avait accepté très volontiers. Un marabout musulman qui aide un jeune « agnostique » à réussir une veillée de Noël chrétien, voilà qui n'était pas ordinaire à cette époque.

Voici un des brouillons de mon petit scénario :

> « Chers amis qui êtes venus si nombreux à ce Noël 1951, soyez indulgents. Nous voulons reconstituer un moment de l'histoire du monde. Mais l'action principale se passe dans notre cœur.
>
> Devant vous, Marie est une humble fille du pays. Elle est bénie entre toutes les femmes. »

(Elle était représentée par une jeune fille de quinze ans, avec une vingtaine de petites tresses sur la tête, comme des antennes. Elle tenait dans ses bras un vrai bébé auquel les parents avaient donné le prénom de Stanislas... en souvenir de leur ami blanc.)

> « Regardez comme elle est recueillie ! Quant à Joseph (un jeune Bobo), il n'en revient pas de la dignité qui lui est faite...
>
> Bonnes gens, écoutez ! Entendez-vous cette rumeur au loin, ces chants de joie qui se rapprochent ? Ce sont les bergers de Judée. Des anges viennent de leur annoncer une Grande Nouvelle : “Il est né, le Sauveur du monde. Il est venu Celui que nous attendions !”
>
> Les uns présentent à Dieu un agneau, les autres une jarre de lait. Ceux qui n'ont rien offrent leurs chansons. Regardez Jésus qui les remercie d'un sourire. »

À ce moment-là, le bébé se mit à crier. La jeune fille le berçait avec beaucoup de précaution tandis que l'assistance riait et commentait...

À la fin, après la venue des mages, nous avons chanté une traduction en langue bambara du célèbre chant de Noël allemand : *Stille Nacht.* Puis des familles voisines ont offert d'énormes bassines de riz et de mil accompagnés de morceaux de viande. Mon texte que je retrouve quarante ans plus tard était à l'image de ma foi : une simple page arrachée à ma culture générale. Mais ce fut une soirée de joie très pure, sous les étoiles. Et, qui sait ? peut-être, sans que je le sache, l'Enfant Jésus me souriait-il !

Comme je fus heureux dans ce réseau de liens et de solidarités ! Avec un jeune Européen, j'avais ouvert aux Africains une troupe scoute jusque-là composée en majorité de Blancs. Le jour de l'inauguration d'un local en parpaings, j'étais assez fier des sketches et des chants à plusieurs voix que j'avais mis sur pied. Cette troupe se composait de trois Européens et d'une vingtaine d'Africains. J'en ai retrouvé quelques-uns en retournant là-bas, douze ans plus tard. L'un d'eux était devenu ministre des Travaux publics. Converti à l'islam, il avait deux épouses et une ribambelle d'enfants.

Un missionnaire, le père Déchelette, avait eu vent de ma petite prestation. Il m'avait dit : « Tu as une bonne plume, tu devrais écrire un livre, un vade-mecum, pour aider les jeunes Africains à prendre confiance dans leurs valeurs africaines... »

Enthousiasmé par ce projet, je me mis au travail. J'ai retrouvé des bribes de ce qui n'est jamais allé plus loin qu'un brouillon de six pages :

« Mon ami, mon frère, ne fais jamais taire l'homme idéal que tu portes en toi. Laisse-le parler. Sois à l'écoute. Il te conduira là où peut-être tu n'aurais pas voulu. Mais tu connaîtras enfin la joie véritable. Ne sois pas un tiède et alors l'avenir ne saurait te décevoir... »

Conscient de mes lacunes, j'écrivis à l'école ABC de Rédaction, pour demander quelques précisions sur leurs cours par correspondance :

« Je voudrais apprendre à convaincre par un langage plaisant et vrai. Vous vous faites fort de nous former à l'art d'écrire, mais nous donnerez-vous celui d'aller droit à l'essentiel ? À quoi nous servirait de bien nous exprimer si nous n'avons rien à proposer pour le bonheur des humains ? Nous donnerez-vous, en nous aidant à mieux dire notre joie, les moyens de l'amplifier et le goût de puiser à sa source ?... »

La réponse ne correspondit pas du tout à mon attente. Aux échantillons de textes que je proposais ne répondaient que des observations convenues et scolaires. Mais, surtout, je n'avais pas le moindre sou pour financer les cours !

En dehors des poètes africains et de Saint-Exupéry, je lisais quelques livres de faible intérêt. Je notais ce qui me touchait. J'avais recopié ceci dans un livre d'André Maurois sur George Sand : « Est-ce que ce sont les sens qui entraînent ? Non, c'est la soif de tout autre chose : c'est la rage de trouver l'amour vrai qui appelle et fuit toujours. »

À l'hôpital, la mort faisait trois ou quatre visites par mois. Je ne pouvais pas éluder la question :

« Et après ? » Une nuit, une femme au chevet de son mari qui venait de mourir ne cessait de chantonner une litanie dans sa langue natale. Parfois, elle reprenait la même complainte en français : « Mon ami, il est parti »... Parti ? Où ? Que devient-il, l'homme, lorsqu'il meurt ? C'est quoi, mourir ? On s'éteint comme un cierge ? Disparaît-on comme le brouillard du matin, comme un nuage, comme si de rien n'était ? Faut-il se résigner et dire : « C'est la vie ! » ?

Sartre, dont j'avais été saturé durant l'année précédente, avait prononcé cette parole devenue dogme : « L'homme est un être pour la mort » ! Malraux lui répondait : « Et si, au lieu de dire *pour,* on disait *contre* ? » En effet, dans cette lutte contre la mort, nous trouvions un sens à notre vie. Et Dieu ? N'était-Il pas au cœur de ce combat ? Un jour, à Calcutta, un touriste se heurta à un cadavre sur le trottoir. Il cria vers le ciel : « Que fais-Tu, Toi, là-haut ? » Il s'entendit répondre : « Je t'ai fait, toi ! »

La formation accélérée au service des infirmiers coloniaux de Dakar avait été rudimentaire. Je continuais à me perfectionner. Constituer le dossier du malade, pratiquer certains examens sous le contrôle de l'infirmière-chef, poser des pansements et faire des piqûres, tout cela n'était pas sorcier. Parfois, des malades me disaient : « Quand est-ce que vous me la faites, cette intramusculaire ? », alors que l'opération était déjà terminée ! Je leur donnais au moment fatidique un léger coup de poing dont la sensation peu désagréable neutralisait celle, irritante, de l'aiguille. Je n'ai jamais raté une piqûre, même lorsqu'il s'agissait d'intraveineuses difficiles. Ce que l'on aime vraiment, on apprend vite à le faire bien. J'aimais tellement ce travail où l'on est si proche de l'être humain ! J'aimais laver les brûlés à l'eau de Daquin. Nettoyer des patients incontinents ne me gênait pas du tout. Je transportais les malades dans mes bras, d'un pavillon à l'autre. Le médecin et l'infirmière-chef prescrivaient les médicaments. Mon rôle se bornait à les donner en temps utile. Je tenais parfois la main des femmes en train d'accoucher pour apaiser leur panique lorsque cela ne se passait pas bien. Pendant les pannes du groupe électrogène, je devais tenir une lampe électrique au-dessus du champ opératoire. Tout cela était artisanal, j'en conviens ! Cela ressemblait à ce que l'on appelait, en Chine, les *médecins aux pieds nus* !

J'accompagnais des malades à l'hôpital de Bamako ou à celui d'Abidjan. Je me revois à la gare d'Abidjan faisant élargir, à la hache, la fenêtre d'un compartiment en bois pour que le blessé puisse être introduit sans que sa jambe brisée en quatre endroits ait à subir trop de dommages ou de douleurs. S'il avait fallu faire passer le blessé par le marchepied, en bout de wagon, c'eût été atroce pour lui. En de tels instants, je me sentais vraiment justifié d'exister, j'étais libéré de l'ennui et du non-sens.

Je me souviens de mes efforts pour ranimer un jeune Africain noyé. Quelle déception lorsque, contrôlant avec une lampe de poche le réflexe pupillaire, je vis que rien ne bougeait !

L'hôpital était à mes yeux un lieu saint, le champ clos d'une course contre la mort. C'était le lieu d'un parcours initiatique. On ne peut pas tricher avec la compassion. Celui qui souffre *l'envers du monde* est d'abord écrasé de solitude. Lui prendre la main, demeurer même en silence près de lui jusqu'à ce qu'il s'endorme, ou jusqu'à ce qu'il meure, voilà un amour qui ne se paie pas de mots, un amour qui n'a pas besoin d'explications, une sorte d'évidence. Peut-être est-ce *La Peste* d'Albert Camus qui m'avait mis sur ce chemin ! Mais qui avait inspiré Camus ?

La vie de l'hôpital était riche en émotions fortes. Un soir, je fus réveillé par des cris. J'enfilai vite une blouse et courus vers la chambre où un nouveau pensionnaire était assis sur son lit. Il monologuait avec une voix stridente : « Néphrite aiguë ?... J'ai une néphrite aiguë ? » Me voyant entrer, il demanda : « C'est quoi, docteur, une néphrite aiguë ? » Je m'assis à côté de lui en relevant ma blouse. Comme il faisait une chaleur torride, je n'avais pas d'autre vêtement. Il s'écria : « Mais, docteur, vous êtes nu ? » Puis il me gifla avec un sourire béat. Je lui tendis un verre d'eau. Il le prit entre deux doigts, le fit virevolter avec un bruit de fusée d'artifice et le lança au plafond. « *Piii Ouiiit* » Je téléphonai à l'infirmière. Dès qu'elle entra, il se mit à hurler : « Pas de femme à bord, je vous en prie ! » Elle appela le médecin. Lorsque celui-ci s'approcha pour l'examiner, le malade lui assena une gifle si forte que ses lunettes valsèrent à l'autre bout de la pièce. Le docteur nous ordonna de le ligoter avec une camisole. Il me semblait qu'il l'aurait enfilée comme une veste de pyjama, mais l'on nous intima l'ordre d'utiliser la manière forte... (Quelques années plus tard, ce médecin fut poignardé par un malade atteint de folie !)

J'ai souvent repensé à cet épisode. Lorsque, plus tard, des personnes me déverseraient leur hargne, peut-être seraient-elles seulement atteintes d'une sorte de *néphrite aiguë*. Vraiment pas de quoi en faire une tragédie !

L'hôpital portait bien son nom. C'était le lieu de l'hospitalité. Je pouvais y découvrir quotidiennement l'urgence de l'amour. Les soins n'étaient pas du tout les mêmes selon qu'on aimait le malade ou pas. Ce n'est pas à l'estomac ou à la jambe qu'il fallait demander : « Comment ça va ce matin ? » Même les hommes les plus durs, « mis au tapis » par un accident ou une maladie, devenaient des mendiants d'attention, de respect, incroyablement sensibles à toute parole de tendresse... ou de froideur ; séparés de leur réseau de relations, privés de leurs activités, ils étaient confrontés à une question : « Qu'est-ce que je vais devenir ? » Certains malades se laissaient mourir de ne pas se savoir aimés. D'autres, plus atteints parfois, accédaient à la guérison, soulevés par l'affection de leur famille et la sollicitude de l'équipe soignante. Ces malades, par leur nombre et par l'intensité de leur demande, me révélaient encore une fois mes limites. « Ne vous investissez pas trop, me disait l'infirmière-chef, on y laisse sa peau et personne n'y gagne. »

J'accompagnais le médecin dans ses tournées de brousse. Nous visitions des dispensaires tenus le plus souvent par des missionnaires. Ces hommes étaient superbes de générosité. Ils avaient un amour inépuisable pour les autochtones (comme on disait). Je les admirais beaucoup. Un jour, il y avait là une jeune fille atteinte d'*ascite* (sérosité du péritoine). Le médecin la jugea perdue à très court terme. L'homme de science, plutôt agnostique, invita l'homme de Dieu à la baptiser. Le missionnaire ne pensait qu'à une chose : une piqûre d'adrénaline pourrait relancer le cœur ! Le médecin ne pensait qu'au baptême. Ils se disputèrent.

La jeune fille mourut sous nos yeux, pendant que le missionnaire la baptisait. Nous avons accompagné son corps porté par quatre jeunes gens jusqu'à la case familiale. En cette période des pluies, on entendait les vibrations lancinantes des insectes, les coassements des grenouilles, les roulements du tonnerre, le bruissement du vent qui balançait les hautes tiges de mil, la plainte de la mère qui pleurait son enfant. Ce départ était d'une grandeur souveraine, d'une noblesse inégalée. Le prix de la vie manifestait intensément son caractère unique, mystérieux, au bord du divin, au seuil du grand secret ! Où allait donc cette jeune fille dans la fleur de l'âge ? On n'aurait pas enterré avec tant de soin un corps que l'on aurait cru promis à la disparition !

J'ai retrouvé dans une malle de mon grand-père une lettre que je lui écrivis cette année-là :

> « Moi aussi, je me demande comment, de l'*aimable je-m'en-foutiste* que j'étais, je suis devenu le type qui se passionne pour tout. J'ai reçu dans mon berceau un beau cadeau, une faculté précieuse, l'émerveillement. Si je me dépouillais de tout orgueil, je retrouverais mon âme d'enfant. Je voudrais ne jamais cesser de m'émerveiller des beautés visibles de la création et des beautés invisibles de l'être humain. Mais il n'y a pas de roses sans épines, pas d'endroit sans envers. À ce don s'ajoute un tempérament d'artiste n'aimant guère que ce qui touche les sens et la sensibilité.
>
> Avec ma susceptibilité et mon amour-propre, j'avais sans cesse à me protéger. J'ai appris à me laisser marcher sur les pieds en feignant

l'indifférence pour ne pas attiser l'agressivité. Puis j'ai connu des moments de révolte. J'ai fini par comprendre qu'il est bon que nous ayons toujours un obstacle à surmonter. L'effort ne doit pas se relâcher. On ne s'attache vraiment qu'à ce pour quoi on a peiné. Ce sont les résistances du réel qui donnent à l'existence son caractère passionnant. Aujourd'hui, ce n'est plus pour me défendre que je désire l'ordre et la solidité, c'est pour devenir capable de défendre des valeurs menacées et que j'aime.

J'essaie d'admettre, lorsqu'on attaque des valeurs auxquelles je tiens, qu'en réalité ce ne sont pas elles qui sont en cause, mais seulement ma façon médiocre de les défendre.
Ma famille m'a beaucoup heurté, mais ainsi elle m'a fait mûrir. Elle m'a fait comprendre qu'il fallait de la pondération, du tact, de l'ordre, qu'il ne fallait pas négliger le poids de la société, de l'histoire, de la nature humaine blessée. Elle m'a appris qu'il fallait de la logique pour s'y retrouver dans ce monde illogique.

Il faut beaucoup se réformer soi-même pour éclairer avec bienveillance ceux qui sont privés malgré eux de la vérité. L'erreur est humaine. Chaque homme et chaque institution ne possèdent qu'une infime parcelle de vérité. Je me suis laissé influencer par tant de milieux divers ! J'ai recueilli l'ivraie plus que le bon grain. Mais je désire sortir de cette impasse. Je veux comprendre les influences dont je suis pétri. Je vous sais gré de m'avoir communiqué votre passion pour les meilleurs écrivains : Racine, La Fontaine. Je vous revois, déclamant le portrait de Cromwell par Bossuet ; cela m'a mis sur la piste d'un puissant moyen d'expression. Le langage philosophique, par contre, m'a passablement abusé...

... J'ai terminé l'année en salle d'opération. Hier soir, un chasseur indigène est arrivé avec une main broyée par un fusil à pierre. Le chirurgien a scié très proprement l'avant-bras que je maintenais à pleines mains.

Récemment, un malade gémissait : "Allah, Allah !" Je lui disais d'avoir confiance (je voulais dire confiance en sa guérison). Il me répondit : "En Allah ?" "Oui", ai-je répondu. Il a agonisé pendant une semaine. »

Dans une lettre à sa fille mon grand-père évoque cet échange :

« Ton fils m'a écrit, au cours de veillées de malades et de mourants : quinze pages serrées de psychanalyse non moins serrée, sur son enfance avec tous les heurts souvent salutaires rencontrés dans sa famille qui lui a prodigué, d'ailleurs, dit-il de non moins salutaires exemples. Cette lettre, longue, riche en beaux sentiments, élevée, est à conserver. »

Voilà au moins un souhait de mon grand-père que j'ai exaucé !

Que ne suis-je resté plusieurs années dans cet hôpital ! Rarement je me suis senti à ce point de plain-pied avec la vie, aussi proche de mes frères humains ! Dans cet espace, l'improvisation permanente, jointe à un dévouement sans limites, palliait l'absence de technicité de pointe propre à nos usines de soins modernes. Habitant l'hôpital je pouvais passer tous mes temps libres auprès des malades.

« Dieu était là et je ne le savais pas. Ce lieu est sacré. Il est la porte du Ciel ! » Il était là dans les souffrances inouïes des grands brûlés. Il était là dans les râles des agonisants. *« J'étais malade et vous M'avez visité. »*

Ma vie spirituelle était réduite à presque rien. Je ne priais pas. Je n'avais pas appris. Je ne connaissais ni les Psaumes ni aucun livre de prière. Mais ne vivais-je pas certains moments : la douche matinale, les marches solitaires dans les nuits criblées d'étoiles, l'accompagnement des mourants, comme des rites religieux ?

Quitter Bobo-Dioulasso où j'avais connu tant de bonheurs fut bien douloureux. Je partis seul en train pour Abidjan, où je m'embarquai sur le *Brazza* à destination de Bordeaux. Dès l'embarquement, je piquai une crise de paludisme. J'avais dépassé 42 °C de fièvre. Je délirais. Je me suis échappé de la cabine d'infirmerie. On m'a retrouvé errant sur le pont du bateau où le vent soufflait en rafales. Quelle belle façon de partir si j'avais franchi le bastingage ! Je n'aurais rien senti ! Ainsi je n'eus guère le temps de méditer ou d'écrire durant cette traversée. Je venais de vivre sur le continent africain la plus belle année de ma jeunesse. Je m'étais désintoxiqué de l'existentialisme, du marxisme, du freudisme, et de bien d'autres ismes qui maltraitent la vie. La joie est une boussole fiable. L'activité concrète et humaine des soins aux malades m'avait fait découvrir la note juste, le « la » de mon diapason intérieur. Je m'étais donné à plein temps et à plein cœur à des êtres merveilleux diminués par la maladie. Avec peu de moyens et une extrême bonne volonté nous pouvions réellement atténuer ou enlever la douleur.

La manière d'être des Africains, tellement enchantés par les petits riens de l'existence, me guérissait des boursouflures du mental. Une nouvelle page de ma vie s'ouvrait... Vers quels horizons ?

L'arrivée dans le port de Bordeaux, sur un fleuve immense couvert de brouillard, fut un grand moment de retrouvailles avec mon pays.

11

UN CERTAIN VISAGE DE DIEU

> « *Les hommes auraient tellement besoin d'un Dieu !* »
>
> SAINT-EXUPÉRY

Revenu en France, je repris une activité que je connaissais bien auprès des jeunes délinquants, non plus comme bénévole cette fois-ci, mais comme éducateur salarié, à plein temps. Je testais mes aptitudes à embrasser cette profession consacrée aux blessés de l'amour. Je dialoguais souvent avec le directeur. Il me taquinait sur mes références à des ouvrages de psychologie. Pour lui, les seules connaissances valables étaient celles que l'on pouvait acquérir *sur le tas* ! Il m'arrivait d'accompagner tel jeune qui passait en jugement. À cette occasion, je me familiarisais avec le monde de la justice. Je me souviens d'une plaidoirie au cours de laquelle l'avocate soulignait que les vrais coupables n'étaient peut-être pas là. Un grand-père sanglotait dans un coin.

Une fois, lors d'un jugement, à Riom, j'avais été interrogé par le juge sur le comportement du *prévenu* pendant ses derniers mois au centre. J'avais souligné ses efforts, oublié ses vacheries et surtout défendu son rêve qui était de s'engager dans l'armée. Ce geste ne fut pas sans éveiller en lui une attitude amicale. Au moment de quitter le centre, il avait passé des heures à me dessiner un Noir jouant de la guitare. Je jouais souvent de la guitare en effet, et il avait compris que j'aimais l'Afrique. Parmi ces jeunes je découvrais encore et toujours combien l'amour est vital et combien, à l'égard de certains êtres, il n'est pas spontané. L'amour va à ce qui est réussi, noble, charmant. Ces jeunes étaient le plus souvent désespérants, agressifs à propos de tout. Ils traînaient leur existence comme une corvée. Ayant manqué du « lait de la tendresse humaine », tout leur être criait la trace de ce manque. Et nous, les « éducateurs », nous constations qu'il n'existe pas de fontaine où l'amour pourrait venir nous remplir le cœur, pour eux... Notre impuissance nous mettait en rage parfois !

Dieu m'a rejoint dans les attentes et les douleurs de ces mal-aimés ; ces jeunes réclamaient de moi une attention, une pédagogie, une espérance qui ne m'étaient pas naturelles. Par là même, ils faisaient naître en moi des aptitudes : comme un fruit qui tire la sève de l'arbre et l'oblige à plonger ses racines plus profondément.

Vous pouvez tourner le dos à Dieu lorsqu'Il vient vers vous dans la beauté de Sa Création. Vous pouvez ne pas L'identifier lorsqu'Il parle dans Son Église. Il vous est bien difficile de ne pas vous *heurter* à Lui lorsqu'Il souffre dans l'homme. Dieu Se dévoile dans les élans de notre générosité. Dieu Se révèle sur le visage de celui qui souffre.

Les jeunes me semblent être le baromètre du monde. Ils nous acculent à ne pas délaisser l'essentiel. « Aimez-moi, ou je mords ! » disaient les délinquants de Royat. « Aime-moi, ou je meurs ! » disait mon amie Agnès.

Un jour ma sœur Madeleine me montra un petit tract qui invitait des jeunes à un séjour dans les Alpes. Une belle photo de montagne se reflétant dans les eaux immobiles d'un petit lac accompagnait le texte suivant :

« *Qu'est-ce que le christianisme ? Une morale ? Une philosophie ? Ou l'annonce d'un événement qui te concerne ? Viens avec nous dans l'amitié qui naît des camps de haute montagne et de la vie simple menée en commun, au cours de veillées où nous approfondirons les lignes de force de notre vie, la foi, la sainteté, la prière dans le silence, l'effort et la beauté. Viens chercher avec nous à mieux connaître le Seigneur Jésus-Christ, ressuscité, toujours vivant.* »

Je participai donc à ce camp de jeunes d'un genre nouveau, une formule révolutionnaire qui faillit être annulée tellement elle sortait des normes. Il s'agissait d'un camp *mixte* ! Jusqu'aux années 60, il était pratiquement inconcevable en milieu chrétien d'organiser des camps où garçons et filles partageraient les mêmes loisirs et les mêmes veillées.

Philippe, un jeune dominicain qui animait cette *expérience,* me fit une impression telle qu'aucun être humain ne m'en avait jamais fait jusque-là. J'avais alors vingt-deux ans. Pour la première fois de ma vie, j'avais le sentiment de voir un être réellement vivant. J'avais connu auparavant deux prêtres de la même trempe, mais je n'avais guère osé les fréquenter. Ils me dépassaient trop. Ils m'intimidaient. L'exercice des responsabilités en

Afrique m'avait donné quelque confiance en moi, je devenais capable d'un dialogue d'égal à égal avec des adultes.

L'atmosphère de ce camp fut exceptionnelle. Les alpages d'altitude m'ont toujours élevé l'âme. Je m'y sens au meilleur de ma forme. Nous partions parfois vers quatre heures du matin pour faire l'ascension de la Grande Motte, de la Grande Casse ou de la Tsanteleina. Philippe exigeait que nous marchions dans la nuit en silence. Il avait raison. L'aube naissante dans ces paysages et ces parfums ne pouvait nous imprégner de sa beauté que dans le silence le plus total. C'était une expérience spirituelle plus convaincante que tous les discours.

Lorsque Élie pourchassé par la reine Jézabel se réfugie dans le massif de l'Horeb, il se trouve affronté au tonnerre, à la foudre, aux tremblements de terre. (Dans cette région de montagnes sans arbres, aux roches presque métalliques, les orages ont une décharge de décibels inimaginable !) Le texte répète : « Et Dieu n'était pas dans la foudre. Et Dieu n'était pas dans le tonnerre !... » Lorsque les éléments se sont apaisés : « Il y eut comme le murmure d'un profond silence. »(1R 19, 12.) Cette fois Dieu put parler à Élie. Ce texte que Philippe nous avait lu à la veillée prenait une densité de vérité inouïe.

Nous étions une trentaine de jeunes, garçons et filles. Parmi les souvenirs qui se pressent dans ma mémoire, il y a surtout des chants :

Seigneur, bénissez le matin
la brume attardée au fond des prés,
le soleil qui luit au vent léger.

Seigneur, bénissez le matin
nos corps de sommeil tout engourdis.
nos cœurs par la grâce épanouis !...

Nous avions appris quelques chorals de Bach à quatre voix. Sur chaque sommet, c'était un rite de les lancer à tous les vents :

Il fait danser les mondes, les astres, les saisons.
Il pèse, juge et sonde, renverse les prisons...

Nous avions de beaux répertoires pour les veillées, des chansons poétiques accompagnées de la guitare, qui gravaient pour toujours leurs messages de paix.

Le matin, je raffolais d'aller jusqu'au lac pour faire ma toilette dans l'eau glacée. Toute ma vie, je retrouverai dans les montagnes, sur les cinq continents, le souvenir de ce temps-là, cette atmosphère de perfection et de sérénité.

Par chance peut-être, il n'y eut pas vraiment de rencontre profonde entre Philippe et moi. J'étais trop sauvage pour l'intéresser, trop timide pour me croire apte à un dialogue personnel avec lui.

Il me voyait feuilleter *Citadelle,* de Saint-Exupéry, livre qui ne me quittait jamais. « Quand tu auras lu la Bible, cela te paraîtra du pipi de chat », me disait-il avec son sourire. Du coup, je n'avais pas envie de lire la Bible. Cet homme était la négation flagrante de tout ce que je redoutais en matière de religion. Il était bien dans sa peau, amoureux de Dieu et des humains, profond quand il commentait l'Évangile, extasié lorsqu'il célébrait l'Eucharistie. Il était d'une *présence* rare dans tous ses contacts.

Il se donnait le droit d'exister dans son originalité, dans sa superbe différence. Lorsqu'il parlait à quelqu'un, l'interlocuteur pouvait se sentir interrogé au plus profond de lui-même, comme la Samaritaine devant le Christ au bord du puits de Jacob.

J'étais venu à ce camp pour rencontrer des jeunes filles et je me suis trouvé devant un prêtre !

En rencontrant Philippe durant l'été 1952, je ressentis une sorte d'éblouissement. La vie, à la lumière de ses paroles, prenait un relief invraisemblable, au-delà de tout ce que je pouvais rêver. Il parlait comme personne de la douleur et du bonheur, de la dignité humaine et de l'humiliation, de l'amour et de l'envers de l'amour. Pour nous faire sentir la beauté du message évangélique, il appelait à la rescousse les auteurs les plus estimés de notre époque. Lorsqu'il lisait des extraits de tel ou tel écrivain, il prenait le ton de la tendresse ou de la violence qui correspondait au texte. Jamais je n'oublierai la lecture qu'il nous fit de « La Légende du Grand Inquisiteur », de Dostoïevski. Un soir, après avoir présenté un texte dans lequel Kafka évoque sa terreur devant un père répressif, il lut la parabole de l'Enfant Prodigue. « Voici mon petit qui était perdu et il est retrouvé. » Le père éternel, selon le Christ, pleurait de joie en retrouvant un fils qui l'avait renié. Je me mis à « craquer ». Ce soir-là, je me jurai : « Je sais maintenant ce que je veux faire de ma vie : faire connaître ce visage de Dieu ! Les hommes meurent de ne pas se savoir aimés ! Il faut rendre Dieu aux hommes... »

« Et je fus devant Vous comme un lutteur qui plie, non qu'il se croie faible, mais parce que l'autre est plus fort. Vous m'avez appelé par mon nom... mon Dieu, vous savez combien le cœur des jeunes gens est plein d'affection et combien il ne tient pas à sa souillure et à sa vanité ! Et voici que vous êtes Quelqu'un tout à coup ! » *(Troisième Ode,* Claudel).

En Jésus-Christ, Dieu peut nous dire : « Je te prends comme tu es. Je suis comme le soleil qui se donne à la vilaine fleur, à la fleur toute fripée. Je suis comme la pluie qui féconde les terres les plus ingrates. Mon amour n'est suspendu à aucune de tes qualités, à aucune condition préalable. Je t'aime d'abord. Pour le reste, on verra bien ! » Jésus s'attaquait à toutes les exclusions. Il voyait le diamant dans la gangue la plus grossière. Jésus ne supportait pas que l'on humilie un être humain. Il nous délivrait de la peur de Dieu. La pastorale de la carotte et du bâton ne venait pas de l'Évangile. Dieu au visage d'amour, pourquoi ai-je tellement tardé à Te reconnaître ?

J'ai revu beaucoup plus tard le père Philippe lors d'une session à la Sainte-Baume. (Les cheveux de mon dominicain avaient blanchi. Ses paupières ridées rendaient ses yeux plus malicieux, mais c'était toujours le même feu intérieur, la même lumière dans le regard, la même voix humaine et chaude.) Il s'adressait à un gars de vingt ans en lui disant : « Toi, tu es capable de faire plein de conneries parce que tu aimes trop la vie. J'aime les gars comme toi qui ne calculent pas, qui se donnent totalement, qui ne sont pas avares d'eux-mêmes. Quelles sont les choses pour lesquelles tu te battrais ? » Le garçon ressentait l'envie de se dire, de s'exprimer à lui-même ce qu'il n'avait pas encore découvert.

Donner à connaître un Dieu Amour... Oui, mais ce rôle n'est-il pas réservé au prêtre ? Comment cela pouvait-il se faire puisque je n'avais pas envie d'être *curé* ? Pas envie, ou peur de l'être ? L'anticléricalisme viscéral de bon nombre de mes amis rendait difficile cette option. Prêtre-ouvrier en usine, missionnaire chez les lépreux, aumônier d'étudiants, oui peut-être, mais pas *prêtre de paroisse.* J'écrivais.

> « Un curé qui parle de Dieu, ça n'intrigue personne ! On ne l'écoute plus. Il déroule des discours prévisibles avec le ton des professeurs et vous repartez indemnes ou peut-être un peu plus vaccinés contre la foi !
>
> Quand Philippe parle, pourquoi sommes-nous transformés ? Notre mesquinerie est démasquée, nous sommes arrachés à nos œillères. À quoi Philippe doit-il ce secret d'être un éveilleur ? À qui doit-il de porter ce regard de fraîcheur sur le monde et sur les hommes ? D'où lui vient cette vision du monde à la fois réaliste et limpide ? Il ne nie pas le mal, il lui donne un sens. »

Dieu m'a rejoint par ses intermédiaires, Ses prêtres. Victor, Georges, Philippe furent des signes extrêmement parlants de Sa présence. Une simple phrase : « Lorsqu'on aime, ça pèse lourd », prononcée par Victor sur une route d'Auvergne, a retenti en moi, pour toujours. Ses lettres, lorsque j'étais en Afrique, avaient une telle justesse ! Ses paroles semblaient venir de si loin ! Un Autre parlait à travers lui. Il me fallait grandir spirituellement pour capter ses messages. Il choisissait des citations fortes, lapidaires, comme celle-ci de saint

Paul : « Tout est à vous, vous êtes au Christ, le Christ est à Dieu. » J'en avais pour plusieurs mois à m'en remettre !

Une intuition se mit à unifier les éléments disparates de ma vision du monde : nous avons reçu le privilège incroyable, bouleversant, d'être tirés du néant. Nous avons été choisis, désignés, appelés personnellement. Parmi les milliards de créatures possibles, nous sommes des rêves de Dieu réalisés. Vocation plus grandiose que tous les voyages sur la lune ou sur Mars. Nous avons été tirés au sort pour *marcher sur la terre.* Ce séjour a un sens, un enjeu. Il s'agit d'un stage, d'une préparation à l'Éternité. Sur cette planète-école, nous apprenons le goût de l'autre. Car nous passerons l'Éternité ensemble si nous nous sommes rendus aptes à être éternels. Là est notre aventure, notre grand voyage. Nous tendons vers une destination comme une pousse d'arbre qui, du fond d'une cave, a pressenti la lumière. Amoureuse du jour, la tige tend de toutes ses forces vers le soleil avec une détermination souveraine. Un être humain se découvrira frère d'un autre être humain par ce point précis : chacun est vivant dans la mesure où il est aimé et dans la mesure où il aime. Chacun marche vers sa réalisation ultime. Nos liens sont nos sources. Nous venons de l'Amour : nous nous mouvons sous Sa poussée. Nous marchons vers l'Amour, dans Son attraction. Cela devenait pour moi aussi évident que les découvertes de Copernic ou de Newton.

Un Dieu, fulgurant de beauté, a crée l'univers, un univers si vaste que l'on éprouve le vertige. Des milliards de milliards de galaxies contenant chacune des millions de soleils ! Autour d'un des plus petits soleils, Dieu a placé une planète sur orbite.

Il y a fait naître des êtres extraordinaires, les humains, Ses chefs-d'œuvre. Chacun a reçu ce cadeau prodigieux : exister. Dieu a offert à chacun de nous de devenir Son vis-à-vis, Son partenaire, Son ami. Chacun est unique, d'une grandeur incommensurable par la splendeur dont Dieu l'a revêtu ! Vue sous cet angle, chaque existence est une fabuleuse histoire d'amour ! Le cœur de la Révélation est là : Dieu nous a créés pour nous épouser. Mais presque personne ne le sait. Ceux qui sont censés crier cette Bonne Nouvelle ont parfois peur de déranger. On leur a tellement dit : « Laissez-nous tranquilles avec vos contes de fées », qu'ils auraient parfois tendance à rester entre eux.

Le Dieu qui manifeste un pouvoir sans limites sur les créatures minérales, végétales, animales, le Dieu qui « fait danser les mondes, les astres, les saisons » se trouve soudain démuni. Il a rêvé d'une créature libre. Au lieu de préserver Son Honneur, Sa Gloire, Sa Réputation, Il court un risque fou. L'homme, objet de Sa fierté, peut Lui échapper. L'homme, Son chef-d'œuvre, peut Lui tourner le dos. Il peut, davantage encore, salir et saboter Sa Création.

> *Mon peuple a échangé Sa splendeur*
> *contre le Néant.*
>
> *Cieux, soyez-en effarés, stupéfaits, saisis d'une énorme épouvante !*
> *Car c'est une double trahison que mon peuple a commise.*
> *Ils M'ont abandonné, Moi, la Source d'eau vive pour se creuser des citernes lézardées qui ne retiennent pas l'eau...* (Jr 2, 12).

Sur les quatre horizons qui crucifient le monde, le mal et le malheur soulignent le prix de la liberté. Impossible de comprendre et d'accepter ce prix démesuré si on ne réalise pas que sans liberté pas un atome d'amour ne peut naître ! D'après le Coran, Ibliss, l'ange de lumière, refuse, lorsque Dieu le lui demande, de s'incliner devant cette créature nouvelle faite d'argile et de liberté. Comment le Créateur a-t-il pu oser compromettre ainsi l'harmonie de l'univers ?

Dieu a jeté ce défi. Lui seul connaît l'enjeu d'un tel risque. Lui seul connaît la fin de l'Histoire. Si j'avais été Dieu, j'aurais créé l'homme nettement moins libre. Je l'aurais créé capable de se faire du mal à lui-même, mais pas d'en faire aux autres !

Chacun de nous, chaque jour, marche vers son éternité. Les uns y vont en courant. Les autres, trouvant un charme si grand aux fleurs du chemin, traînent, de-ci de-là. Chaque événement peut être considéré comme un geste du potier divin. Ici, Il ajoute un peu de glaise ; là, Il en retire. Nous ne comprenons ce qui nous arrive que longtemps plus tard, lorsque nos souvenirs sont passés au creuset de la louange et de la méditation.

Jean-Paul, l'ancien commissaire scout rencontré dans un train et auquel je confiais mes états d'âme, continuait à m'écrire. Lorsque je lui fis part de mon hésitation entre la carrière médicale et la mission de prêtre, il entreprit un *lavage de cerveau* pour me convaincre de *ne pas faire l'imbécile.* Son amitié lui faisait un devoir, disait-il, de me protéger contre cette *folie mystique.* Il s'engageait à m'offrir six années d'études de médecine. Voici un bref extrait d'une de ses lettres.

« Tel qui déclarait vouloir devenir un maître de la peinture à vingt ans et qui, à quarante, se retrouve heureux, au fond, maître d'une importante boutique d'épicerie qui assure sa subsistance. Il ne se croit pas pour autant déchu, puisque l'important consiste à ne pas se casser les ailes pour n'avoir pas à faire un clochard...

Le prêtre n'est qu'un fonctionnaire d'une société en décadence qui cherche à sacrifier un certain nombre de "poires" de qui on décide qu'ils sont les ministres de Dieu. Et les plus généreux ne sont pas souvent ceux qui mènent les autres. Ceux-là ont le strict devoir de satisfaire à une nature généreuse qui fait d'eux les valets de ceux qui savent les exploiter...

Je ne crois pas à la bonté chez les dirigeants de l'Église. C'est pour cela qu'on a inventé le mot "charité" qui est un mot à sens unique. Je possède une certaine petite expérience de la mentalité de ces milieux où l'homme est un loup doublé d'un renard pour l'homme. Tout pardonne dans la vie excepté la haine de curé. Sauf pour quelques cas rares, je ne crois pas à l'équilibre dans la vie du prêtre...

Ta nature ardente répugne à la vie matérielle parce que cela te demande un effort d'assimilation à du concret. Je te préviens, on n'a pas le droit de vivre en dilettante. Je voudrais éviter que tu connaisses l'arrière-goût amer d'une vie ratée. C'est trop long, une vie ratée.

Tu vaux mieux que d'en être réduit à distribuer des absolutions au fond d'un confessionnal moisi à des petits garçons de patronage qui s'en foutent et qui ne pensent qu'à la prochaine occasion de recommencer leurs petits méfaits...

Le vrai n'est nulle part. Il est partout. Nul n'a le droit d'en revendiquer le monopole. Je veux protéger ta générosité. Je ne laisserai aucun prêcheur la prendre pour la déformer. Je ne veux pas que l'on te rapetisse ni que l'on t'enserre dans les médiocrités d'un ordre au nom duquel tu ne pourras plus penser par toi-même. Tu ne sais conduire ta vie qu'avec ton cœur. C'est avec sa tête qu'il faut s'orienter. Tu n'as que vingt ans. Quand je vois la somme de conneries que l'on peut faire à quarante-trois ans, cela incite à la prudence ! C'est trop long, une vie quand on s'aperçoit que l'on s'est trompé ! »

À la fin de sa lettre je griffonnai :

« J. P. est de plus en plus tourmenté. J'essaie de calmer sa révolte. Étrange dialogue des générations. Son pessimisme me donne honte de ma sérénité... Jésus est un premier de cordée, et il ne me tire que dans la mesure où je tire les autres derrière moi. »

Je pris la décision grave d'entrer bientôt au séminaire. J'écrivais dans mon journal :

« Je n'y vais pas avec la certitude d'être appelé au sacerdoce. C'est à l'Église de me dire si Dieu m'appelle ou non. De toute façon, la formation que j'y recevrai me préparera à la seule chose qui compte désormais : révéler le visage d'un Dieu Amour. »

À d'autres moments, je voulais reprendre ma chère liberté. J'avais du mal à me pardonner mon conformisme.

> « Rien ne presse. Pourquoi m'enfermer si tôt dans la structure rigide d'un séminaire ? Pourquoi tourner le dos à des projets de voyage qui me tiennent si profondément à cœur ? Cette vocation d'aventurier qui m'habite, comment puis-je y renoncer ? La condition humaine est si vaste ! Ce n'est pas au séminaire que je la connaîtrai ! »

Avec quelle expérience, quelle *vision du monde* allais-je m'inscrire dans mon époque ? L'Église n'avait-elle pas besoin de *permanents* un peu moins *curés* et un peu plus *hommes* ?

Quelle école d'humanité avais-je suivie jusque-là ?

J'avais proposé mes services pour *faire la plonge* sur un paquebot de la « Cunard White Star ». Je m'étais présenté à Air France pour être steward. Pourquoi les fins de non-recevoir m'ont-elles rebuté si vite ? Une porte qui se ferme ici, ce sont peut-être deux autres qui s'ouvrent un peu plus loin. Comment ne l'ai-je pas compris ? En réalité, le drame vécu par Agnès me faisait un devoir de ne pas trop m'éloigner. Je passais des soirées entières à écouter mon amie se libérer de ses angoisses en en parlant.

Saurai-je jamais ce qu'il serait advenu de moi et de mon existence si j'avais réalisé le projet de *rouler ma bosse* pendant deux ou trois ans ? Le prêtre auquel je me confiai évoqua à mon sujet l'Évangile du « Jeune homme riche ». Le Christ appelle un homme à Son service. L'appelé fait la sourde oreille et « s'en va tout triste »... Ce trésor de ma liberté, comme il m'en coûtait de le remettre ! Qu'allait-on en faire ? Qu'était cette société vénérable à laquelle j'allais lier mon sort ?... Mes amis me mettaient en garde. « Tu vas confier ta vie à une institution, un appareil. On utilisera des arguments mystiques pour te maintenir dans un univers artificiel... »

Oui, c'était peut-être un coup de folie ! J'avais bien le sentiment que Dieu m'appelait à lui donner ma vie. Mais je n'étais pas sans appréhension. De toute façon, la formation que je recevrais dans un séminaire me donnerait les bases pour une annonce de l'Évangile sous une autre forme que le sacerdoce, si c'était là un chemin trop radical pour une nature éprise de liberté.

Comme il fut superbe, le dernier été avant l'entrée au séminaire ! J'étais amoureux de tout. Tout me parlait du Créateur. Dieu était là dans la majesté des vagues, dans la grâce des jeunes filles, dans nos amitiés. La beauté du monde m'apparaissait comme la signature du passage de Dieu. La joie me semblait la meilleure façon de Lui faire honneur. Tout rallumait ma ferveur. Je portais sur chaque parcelle de l'univers un regard transfiguré. Découvrir qu'un Dieu anime ce monde, c'est se passionner pour tout ce qui concerne Dieu et ce monde.

Ivresse de vie ! Absence totale de fatigue. Une nuit de marche dans les Pyrénées pouvait être suivie d'une matinée de pelote basque ou de quelques heures de natation ! Lorsque l'âge vient réduire nos capacités, quelle surprise ! Lorsque le surmenage professionnel nous conduit trente ans plus tard à limiter les exercices physiques, quel gâchis ! Comment pouvions-nous posséder un tel trésor sans y prêter attention et sans aucune gratitude ?

Dans la petite bande de jeunes dont je faisais partie, il y avait Alain, un garçon de l'île Maurice. Il chantait d'une voix ensoleillée des chansons de son pays. J'apprenais par cœur tout son répertoire : le rythme des segas, les *r* roulés, le mystère malicieux des paroles m'enchantaient. Nous nous retrouvions pour des dîners aux chandelles dans la douceur des nuits d'été. Quelque douze ans plus tard, Alain disparaissait en mer. Il est parti un jour de tempête. Le catamaran qu'il avait construit s'est heurté à un récif, au nord de l'île. On n'a retrouvé ni son corps ni son bateau !... Lorsque je l'appris, je saisis instinctivement ma guitare et me mis à chanter sa chanson préférée :

Au bout de la jetée, un bonhomme pleurait
guettant sur l'océan un voilier tout blanc
et le sel de ses larmes se mêlait aux lames
sur lesquelles sa femme avait pris son âme
et leurs jours heureux sans un mot d'adieu...

Alain, trois fois je me suis rendu à Maurice depuis quatre ans. C'est toi qui m'as attiré vers ces rives. J'ai parcouru en mer le trajet de ton dernier voyage entre « Tamarin » et le « Cap Malheureux ». J'ai essayé de voir avec tes yeux les derniers paysages de ton séjour sur la terre ! Tu ne parlais jamais de Dieu, mais tu me donnais tellement envie de Le connaître. Tu étais si débordant de vie !

Je m'« *éclatais* » dans les *surboums* les plus déchaînées. Lorsqu'une de mes cavalières me demandait : « Qu'est-ce que vous faites dans la vie ? », je répondais : « J'entre au séminaire en octobre. » La jeune fille, infailliblement, poussait un cri, pouffait de rire ou ironisait carrément : « Et moi, je suis bonne sœur ! »

Personne ne voulait y croire et pourtant ce fut vrai. Le 2 octobre, au milieu de ma vingt-troisième année, j'entrai au séminaire international d'Issy-les-Moulineaux. Je ne me doutais vraiment pas de ce qui m'attendait.

Je raconterai dans un deuxième tome ce qui advint durant les huit ou dix années qui suivirent. J'aurai bien besoin de la Bible pour éclairer l'étrangeté des événements...

« Dieu écrit droit avec des lignes courbes » (proverbe portugais).

ÉPILOGUE

« Chaque être vivant est un atelier où Dieu, caché, travaille la boue et la transforme. »

KAZANTZAKIS

Comment faire savoir à ceux que j'aime combien le fait d'exister est un miracle sans égal ? À côté de ce prodige tous les autres apparaissent comme de la banalité.

Dès l'enfance j'écrivais pour moi, comme on prend une photo qui fixe un bel instant. À quarante ans seulement j'ai fait partager à d'autres ces photographies de l'âme. La parole a ce pouvoir de faire apparaître ce à quoi on risquait de s'habituer : une certaine signification de ce qui survient, une certaine intensité du réel.

Nous ne choisissons pas de naitre. Nous pouvons laisser les jours pousser les jours, dans l'ennui, ou bien entrer dans l'autre dimension.

J'écoutais hier une romancière, Christiane Singer. Elle reprenait le récit d'un compositeur à qui elle demandait ce qu'évoquait pour lui la musique. Il lui raconta une scène de son enfance. Les troupes américaines viennent de libérer un camp de la mort en Pologne. L'enfant fait halte dans une synagogue en ruine. Il y a là des fantômes d'hommes dans leurs sortes de pyjamas rayés. Une de ces silhouettes se lève et se met à tendre les bras au ciel et à chanter. Ce sont à peine des sons, au début, et puis la musique prend corps et porte les paroles : « Loué sois-tu, Seigneur, pour cette vie !... » Alors le désespoir s'est changé en espérance... C'est ainsi que la musique est entrée dans le cœur du compositeur.

« C'est étonnant comme mes idées changent lorsque je les prie ! » disait Bernanos. J'ai envie d'ajouter : comme le quotidien le plus insignifiant devient beau s'il est éclairé par la Parole de Dieu ! Si l'instant présent, si pauvre soit-il d'apparence, devient louange, si l'action présente devient action de grâces, alors une lumière entre dans notre vie.

Christiane Singer continuait sa méditation intérieure : « Autour de chacun de nous se crée une enclave d'accueil ou de rejet. Nous sommes habités par Quelqu'un de tellement plus grand que nous !... Il y a un Hôte qui est entré ! Vous ne Le voyez donc pas ? » Sa voix se faisait intense, incantatoire...

Comment faisons-nous pour vivre « comme si de rien n'était » ? L'attention à l'Essentiel se perd dans le brouhaha, l'activisme, le fleuve ininterrompu des images télévisées, les problèmes d'intendance, les *affaires courantes...* Écrire, c'est s'arrêter, rendre grâce, s'interdire de s'habituer à ce prodige : « J'existe, je suis vivant... » Écrire, c'est s'interroger : quel est donc ce miracle ? Qu'en attend donc Celui qui en est la cause, celui qui est au-delà de tout nom ?... Qu'en attend le « meneur de jeu » ?

Ce que l'on nomme la *petite histoire* se révélera un jour être la grande Histoire. Tout être que nous croisons porte en lui une aventure aussi risquée, aussi fragile, aussi émouvante que la nôtre. Plus cette personne est jeune, plus nous ressentons le caractère pathétique de son destin. Plus elle est âgée, plus elle recèle de trésors, de combats, de blessures. Les rides ne sont rien d'autre que de l'amour devenu visage. Comme un champ labouré est une jachère devenue amour.

Le plus banal et le plus sublime se croisent dans nos vies comme les brins d'une tresse. Nos libertés sont étonnantes. Elles nous offrent chaque jour l'espace de nous choisir généreux ou avares de nous-mêmes, ouverts ou repliés, libérés ou coincés. C'est parce que nous pouvons éviter d'aimer que nous pouvons aussi inventer d'aimer. « L'obscurité travaille à la gloire du feu. »

Lorsque nous lisons les confidences d'un auteur pour lequel nous n'éprouvons aucune sympathie particulière, tout ce qu'il raconte nous irrite. De quel droit cet individu se pousse-t-il sur l'avant-scène ? Par contre, les moindres souvenirs d'un être aimé nous enchantent. Je trouve, ici, la confirmation d'un mystère qui me touche. Notre existence, isolée des autres, n'a pas de sens. Nous sommes vivants d'être reliés. C'est la relation qui nous rend vivants. C'est elle qui nous justifie d'exister. *Au commencement était le verbe :* la relation.

En chacun de nos liens, une aventure fondamentale se joue : une rencontre de Dieu. Ce récit n'est-il pas avant tout celui d'une rencontre avec un *protagoniste* mystérieux ? Si Dieu S'est révélé à Israël dans une longue Alliance, c'est pour pouvoir nous dire : « Avec chacun de vous, Je rêve de vivre une semblable Histoire d'amour ». Le personnage le plus important des textes de la Première Alliance est Quelqu'un que l'on n'a jamais vu. Il en va ainsi pour chacune de nos vies : Dieu en est le *partenaire* essentiel. Nous ne pouvons Le reconnaître qu'avec les yeux de la foi. C'est pourquoi nos amis agnostiques croient que nous délirons. Dieu nous a donné jusqu'au pouvoir de Le faire exister ou de Le faire disparaître.

Même aux moments où je L'ignorais le plus, Il ne cessait de m'accompagner, infiniment discret, incognito. « Voici que Je Me tiens à ta porte et Je frappe ; si tu M'ouvres, J'entrerai » (Ap 3,20). Ce « *Si tu M'ouvres* » ne pouvait pas être inventé par les hommes. Seul Dieu pouvait parler ainsi. Ce « *Si tu M'ouvres* » est déconcertant, qui donc est Dieu pour venir mendier notre hospitalité ?

Les gens les plus ordinaires s'aperçoivent-ils que leur vie est toujours extraordinaire ? Le soleil est éblouissant lorsqu'il flamboie sur l'océan, mais que dire des couleurs irisées qui traversent une petite goutte de rosée ? « La petite perle suspendue à un brin d'herbe n'a pas lieu d'être fière de ce qu'elle est. Mais les couleurs de l'arc-en-ciel la changent pour un instant en diamant », dit la petite larme suspendue à un brin d'herbe. L'arc-en-ciel, dans nos vies, témoigne d'un soleil. Parfois, mon récit semble s'attarder sur la gouttelette. C'est pour montrer combien elle est fragile, banale, commune, ordinaire. « C'est de grand cœur que je mettrai ma fierté dans ma faiblesse afin que campe en moi la puissance du Christ... Nous portons des trésors dans des potiches. » Ces propos de saint Paul (2 Co 12) sont à retenir. C'est Dieu qui change notre quotidien en Aventure, notre grisaille en Éternité.

Nous sommes sur cette planète-école pour un stage. Je dis cela comme une évidence qui m'éblouit, mais il m'a fallu toute une vie pour le découvrir.

Nous apprenons, jour après jour, à nous initier à l'amour.

Nous apprenons le goût de l'autre.

Nous apprenons à recevoir et à offrir.

Nous apprenons à créer des liens.

Nous apprenons à nous asseoir au banquet des *anges de la Trinité* de Roublev.

Nous nous initions à l'Éternité. Notre vie est immense par le cœur de Dieu d'où nous sommes issus. Elle est inouïe, prodigieuse par le Royaume d'amour vers lequel nous marchons à tâtons. Elle est fragile et forte, douloureuse et radieuse dans l'intervalle.

Je viens d'entendre une interview d'Aragon, peu de temps avant sa mort. « De ma vie je ne retiens qu'une chose : j'ai appris à aimer. »

Nous sommes nés pour en arriver à l'amour. L'amour ne peut naître en nous que dans ce long voyage qu'est notre vie. Peu importe le terreau où nous avons été semés. Peu importe le rôle que nous sommes appelés à jouer ! Homme ou femme, ministre ou manœuvre, africain ou européen, croyant ou athée, marié ou célibataire, l'unique question demeure la même : que fais-tu de ton cœur ? Aimes-tu ?

Dans sa *Lettre ouverte aux culs-bénits,* Cavanna écrit que, s'il croyait en Dieu, il ne pourrait plus s'intéresser à quoi que ce soit d'autre. Dieu Seul existerait. Tout le reste serait insignifiant. C'est un autre visage de Dieu que la Bible m'a fait connaître : un Dieu qui donne sens et beauté à la moindre fleur des champs. « Salomon, dans toute sa gloire, n'a jamais été paré comme l'une d'elles. »

Au livre 16 d'Ezéchiel, Dieu Se compare à un jeune prince qui fait sa promenade matinale. Il découvre un nouveau-né (une petite fille) couvert de sang et de mouches, déjà guetté par les charognards. Il porte ce petit être jusqu'à Son cœur et prononce les paroles de l'amour : « Tu vivras. Tu t'épanouiras comme les fleurs des champs. » Cette petite fille qui va s'épanouir en effet, portée par la tendresse d'un prince, c'est chacun de nous. Et le prince, c'est Dieu ! Bientôt le prince sera follement amoureux de la petite rescapée. Il lui propose de partager son cœur et son trône. Dieu ne nous a créés que pour nous épouser, entrer avec nous dans cette relation où tout est mis en commun.

La clef de l'énigme de notre histoire personnelle se trouve dans un appel : « D'un amour éternel Je t'ai aimé, c'est pourquoi Je t'ai attiré à Moi » (Jérémie 31, 3).

C'est la trace de Dieu dans ma vie que j'ai cherchée ici au cours de cette « enquête ». Il ne m'a pas quitté, surtout lorsque je croyais qu'Il me laissait à mon triste sort. Comme dans cette parabole brésilienne : lorsque, te retournant sur ton passé, tu ne vois plus que la trace de tes pas sur le sable, ne pense pas qu'Il t'a abandonné ! Ce ne sont plus tes pas, ce sont les Siens. Dans ces moments-là, Il te portait.

Lorsque je recevais le lait de la tendresse humaine d'une nourrice espagnole, Dieu était là. Lorsque ma mère m'initiait à la beauté des montagnes et des fleurs, Il était là. Lorsque je lisais sur une carte d'Agnès : « Dieu est pour moi une question de vie ou de mort », Il était là. Dans le silence des nuits de Laponie, Il était là !... Lorsque les jeunes d'un centre de délinquants m'apprenaient en creux l'urgence de l'amour, Il était là. Lorsque les agonisants de l'hôpital de Bobo Dioulasso m'appelaient à leur chevet, c'est encore Lui qui m'appelait.

Mais je ne le savais pas !

Comment ferais-je pour me séparer de Toi ?
Où fuir pour ne plus voir Ton visage ?

Je prends les ailes de l'aube,
je m'installe aux extrémités des mers.

là encore, Ta main me conduit,
cette main si tendrement posée sur moi.

Il m'est arrivé de dire :
« Qu'Il me laisse vivre à ma guise quelque temps,
qu'Il cesse un instant de me regarder ! »
Même lorsque je m'isole, je Te retrouve dans mon cœur.
À travers mes ombres, Tu vois comme en plein jour.

C'est Toi qui as eu cette idée que j'existe.
C'est Toi qui as brodé les moindres cellules de mon corps.
C'est Toi qui m'as tissé au ventre de ma mère.

Je suis ébloui par un tel mystère.
Prodige que je suis, merveille qu'une si belle aventure !

Ce que je suis vraiment, Toi, Tu le sais.
Mon mystère est transparent pour Toi.

Tu étais là lorsque je fus conçu dans le secret du désir,
pétri avec la poussière des étoiles...
Que Tes projets sont magnifiques !
Comme Tes mystères me dépassent[1] *!*

1. Extrait du psaume 138, *Variations sur les psaumes,* Stan Rougier, DDB.

TABLE

Achevé d'imprimer en novembre 1999
sur les presses de l'Imprimerie Bussière
à Saint-Amand (Cher)

POCKET - 12, avenue d'Italie - 75627 Paris Cedex 13
Tél. : 01-44-16-05-00

— N° d'imp. 2537. —
Dépôt légal : décembre 1999.

Imprimé en France